핫한 직업
유품정리사
특수청소관리사

핫한 직업
유품정리사
특수청소관리사

김두년 지음

글로벌콘텐츠

머리말

이 책은 우리나라에 유품정리사를 소개하기 위한 책으로 기획되었다. 스스로 노년을 쾌적하고 평안하게 보내기 위해 생전정리를 하고자 하시는 분, 부모님의 집정리와 유품정리를 하고자 하시는 분, 유품정리사를 직업으로 하고 싶으신 분을 위한 책이기도 하다.

필자가 50년 가까운 직장생활을 마치고 자유인이 되었을 때는 이미 칠순이 지난 나이가 되어있었다. 앞으로 남은 20~30년 동안 무엇을 하며 살아갈 것인가를 고민하게 되었다. 100세 시대라고는 하는데 과연 준비 없이 100세까지 사는 것이 행복할까 하는 생각이 들었다. 먼저 나의 노년을 어떻게 준비하는 것이 좋을까를 고민하면서 쓴 책이 나의 저서 『은퇴준비와 희망노트』이다.

우리나라는 이미 초고령사회에 접어들었다. 대학에 들어가는 대학 신입생과 인생을 마감하는 인생 졸업생이 비슷하게 한 해 동안 35만 명 수준이다. 앞으로는 인생 졸업생이 대학 졸업생을 앞지르게 된다. 자연스럽게 다사사회多死社會, 후기고령화사회를 목전에 둔 엔딩산업에 관심을 갖게 되었다. 우연한 기회에 일본 도쿄에서 개최된 엔딩사업전ENDEX JAPAN 23을 돌아보고 와서 우리나라도 엔딩산업을 키워야겠다는 생각을 하게 되어 한국엔딩협회를 설립하였다.

한국엔딩협회에서는 엔딩산업과 관련한 연구, 인력양성사업과 자격인정사업을 목적사업으로 하고 있다. 자격인정사업으로는 유품을 품격 있게 정리하는 유품정리사, 사망현장을 위생적으로 처리하는 특수청소관리사, 인생을 아름답고 존엄하게 마무리하는 엔딩플래너 자격자 양성을 계획하고 있다. 앞으로 삶과 죽음에 관한 민간자격증을 개발할 계획이다.

유품정리사와 특수청소 자격 과정 준비를 위해서 먼저 일본의 유품정리사 자격증과 사건현장 특수청소사 자격증을 취득하였다. 현장 경험을 쌓기 위하여 유품정리 전문기업에 취업해 200여 건의 유품정리 현장을 경험하였다. 그리고 유명한 유품정리기업을 탐방하고 자문을 구하였다.

우리나라에는 지금까지 유품정리사 자격증 제도가 없었다. 유품정리 관련 법이나 제도가 없다 보니 무자격자에 의한 소비자 피해도 발생하고 국가 재난사태에도 대비할 수 없는 문제가 있었다. 2025년, 마침내 유품정리사와 특수청소관리사가 민간자격으로 등록이 되면서, 이 책이 세상의 빛을 보게 되었다.

이 책이 유품정리업계는 물론이고 유품정리 소비자님들께도 활용되기를 희망한다. 이 책을 통해 합법적인 제도가 마련되고 유품정리사가 적법하고 안정적인 직업으로 정착되기를 바란다. 모쪼록 이 책이 우리나라의 유품정리업계 발전에 도움이 되고 유품정리를 준비하는 소비자께도 도움이 되면 다행이겠다.

2025년 5월 1일
저자 김두년 씀

목차 ————————————————————————————

목차

제1편

유품정리사 직업탐색

핫한 직업
유품정리사
특수청소관리사

유품정리사라는 직업

QUESTION

유품정리사는 무슨 직업일까?

한국직업사전의 유품정리사

한국직업사전에서 유품정리사를 찾아보면 "유족 및 의뢰인을 대신하여 고인의 유품, 재산 등을 정리하고, 사망한 장소에 남겨진 오염물을 처리한다"라고 소개하고 있다.

유품정리사의 수행직무는 "유품정리 의뢰가 들어오면 현장 방문등 구체적인 상황 분석을 통해 투입할 분야별 작업인원과 필요 장비 등을 파악하여 견적을 낸다. 병균, 악취를 제거하는 일부터 시작해 유품에 묻은 혈흔, 분비물, 인체조직 등 악성 폐기물의 위생적 처리, 자외선·오존 살균과 탈취 등 일련의 순서에 따라 유품을 정리한다. 현금, 유가증권 등의 귀중품은 상속자에게 정상적인 상태로 전달하고, 각종 가재도구는 사용 가능 여부나 의뢰인의 뜻에 따라 재활용센터에 매각하거나 유족에게 전달한다"라고 소개하고 있다.

유품정리인은 무슨 직업일까?

고용24의 유품정리인

고용24의 한국직업정보에서 유품정리인을 찾아보면 유품정리인이 어떤 일을 하는지 다음과 같이 소개하고 있다. "유품정리인은 가족의 돌봄 없이 사망한 사람들의 유품, 재산 등이 제대로 정리 및 처리되도록 돕는 일을 한다. 이들은 유품을 물리적으로 정리하는 일부터 고인의 재산 등이 알맞은 상속자에게 제대로 상속되도록 도움을 주는 일까지 고인의 삶에 남은 많은 것들을 정리하는 일을 한다. 아직 이 직업이 정착되지 않은 우리나라에서는 유품정리인이 직접 유품정리를 하기도 하지만 유품정리 분야가 자리를 잡은 나라에서는 유품정리인이 유품정리를 기획만 하고, 실제 정리는 용역업체 직원이 하는 식으로 일을 진행하기도 한다."

견적산출-작업일정-유품정리 순으로 진행

"가장 먼저 의뢰 전화가 오면 현장에 가서 견적을 내는 것부터 시작한다. 이때 언제부터 언제까지 정리를 하겠다는 작업일정을 짜게 되는데 각 지방자치단체 등에서 정해둔 생활폐기물 수거날짜, 종량제 수거날짜 등도 고려해 일정을 잡는다. 그 밖에 정리할 인원수, 협력업체 파악 등을 기초로 최종 견적을 내고 정해진 날짜에 유품을 정리하게 된다."

병균·악취제거-물리적인 유품정리-유품의 유족인계-폐기물처리 순으로 진행

"물리적인 유품정리 업무는 병균, 악취를 제거하는 일부터 시작해 유품에 묻은 혈흔, 분비물, 악취 등 악성 폐기물처리, 공기정화제 뿌리기, 깨끗한 유품 따로 정리하기 등 일련의 순서에 따라 진행한다. 이런 작업은 고인의 가족이나 주변 사람들의 도움말을 바탕으로 최대한 고인의 뜻을 헤아려 진행한다. 이때 현금, 유가증권 같은 귀중품은 상속자에게 정상적인 상태로 제대로 전달하고, 각종 가재도구는 사용 가능 여부나 자식들의 판단에 따라 재활용 센터에 매각하거나 자식들에게 전달한다. 때론 각종 법적 문제를 처리하는 데 도움을 주기도 한다."

QUESTION

유품정리사는 무슨 일을 해?

유품물건을 정리하는 직업

누구나 사망을 하고 나면 시신을 장사 지내야 하는데, 장사 업무를 전문적으로 하는 사람을 장례지도사라고 한다. 사람이 사망한 장소에는 사망 전까지 사용하던 여권, 주민등록증, 안경, 담뱃대, 휴대폰 등의 신변용품과 자고 입고 먹던 이불, 의류, 음식물 등의 의식주용품, 주거생활에 필요한 가구, 집기, 전화기, 컴퓨터, TV, 냉장고 등의 생활용품, 평소에 아끼던 귀금속이나 취미용품, 현금 등 이루 말할 수 없이 많은 유품을 남기고 간다. 장례지도사가 고인의 사체를 처리하는 업무라면, 유품정리사Keepsake's Manager는 유품을 정리하는 업무를 주로 한다.

유품처분은 상속인의 권한

유품의 소유권은 피상속인 사망과 동시에 상속인에게 이전된다. 사망장소에 남아 있는 유품도 피상속인 사망과 동시에 상속인의 소유에 속한다. 유품은 부동산을 제외한 동산에 해당하는데 유품이 누구의 것인지를 판단하는 것은 점유라는 외관에 의해서 판단한다. 따라서 상속인이 점유하고 있는 방실房室 내에 존재하는 모든 유품은 일단 상속인의 소유로 추정된다.

유품정리와 위생관리를 하는 직업

고인이 사망 전에 생활하던 장소에는 수없이 많은 유품이 남게 된다. 이러한 유품들은 모두 상속인유족의 소유에 속하고, 유품의 처분행위도 모두 상속인의 의사에 따르게 된다. 고인이 사망하고 난 후에는 고인의 주거를 깨끗하게 원상회복한 후에 새로운 사람이 생활할 수가 있다. 유품정리사Keepsake's Manager는 유족 등으로부터 처리를 의뢰받은 유품의 정리, 반출, 기부, 소각, 폐기 등 유품의 물리적인 정리 업무와 유품현장의 청소, 소독, 부패물 및 악취제거, 해충구제 등 위생관리 업무를 직무내용으로 한다.

사망현장의 유품을 일괄적으로 처리하는 일

또한 유품정리사는 사람이 죽고 나서 남아 있는 유품들을 일괄적으로 처리하는 일을 한다. 의뢰인을 만나 유품정리 업무를 설계하고, 유품정리를 모두 마친 후 집 열쇠를 의뢰인에게 건네줄 때까지 모든 일을 책임진다. 직원들과 함께 현장에서 정리 업무를 하는 것은 물론이고, 유품정리를 하기 위한 상속 권리가 누구에게 있는지 등을 확인하는 것도 필요하다.

유품의 처분권자인 상속인이 유품을 자기가 사용할 것인지, 팔 것인지판매, 버릴 것인지폐기를 결정하는 것도 상속인의 권리에 속한다. 유품정리사란 상속인 등으로부터 처리를 의뢰받은 유품을 정리하는 업무를 도와주는 직업이다.

제2절
유품정리사가 생겨난 배경

유품정리는 누가 해?

육체적, 정신적으로 괴로운 일

유품정리에 관한 노력은 단순하게 물건의 많고 적음, 시간의 많고 적음으로 집약되는 것이 아니다. 많은 유족은 고독사를 했거나 집을 비워야 하는 등의 절박한 상황이 아닌 한 유품정리를 업체에 의뢰하기까지 상당한 시간이 걸린다.

처음에는 유족들 스스로 해 보려고 노력하지만 고인의 유품 하나하나에 얽힌 추억을 생각하면 좀처럼 진척이 없다. 자신들의 어렸을 적부터 정든 집에서 영원히 없어져 버릴 것을 생각하니 아무래도 결단이 서질 않는다. 유품정리 그 자체는 육체적인 피로뿐만 아니라 정신적으로 괴로운 것이다.

원래는 유족이 해야 할 일

사망에 실패한 사람은 없다. 사람의 죽음은 100% 확정된 사실이다. 사망의 시간을 연장시킬 수도 없다. 갑자기 사람이 죽고 나면 장례식은 금방 지나가 버린다. 화장火葬을 하는 데에도 몇 시간이면 끝나 버린다. 고인의 신체는 이 세상에서 빨리 사라지지만 유품은 사라지지 않는다. 남아있는 유품 중에는 시급히 처리하지 않으면 부패하고, 해충이 생기며, 악취를 풍기는 위생상의 문제가 발생하기도 한다. 그러나 언제 유품을 처리할지를 결정하는 것은 유족뿐이다. 유품은 유족들이 정리하겠다는 결정을 내릴 때까지 고인이 살았던 증거로 남아있게 된다.

일단 빈집으로 만들어야

예전에는 지금처럼 생활폐기물을 대량으로 처리해 주는 시스템이 없었다. 자급자족 시대, 물자부족 시대에는 고인의 물건을 가족이 대물림해서 사용했다. 대대로 같은 집에서 계속해서 살아갈 사람이 있었기 때문에, 그 집에서 살아갈 사람이 시간을 두고 천천히 알아서 정리하면 되었다. 그러나 산업화 시대, 핵가족 시대로 변화되어 이제는 고인이 돌아가신 그 집에 들어가서 살아줄 사람이 없는 경우가 많다. 그래서 당분간 그 집을 비워두기도 하지만 아무도 이어받을 사람이 없는 시골집의 경우에는 빈집으로 남게 되는 경우가 많다. 어쨌든 누군가 다른 사람이 들어가 살 수 있도록 하기 위해서는 일단 그 집을 빈집으로 만들어야 한다.

전문업체가 할 수밖에

고인이 정말로 사라진 것을 확인하는 시기는 유품정리를 마치고 고인의 흔적이 사라진 경우인데, 고인을 사랑하면 할수록 그 타이밍을 결정하는 정신적 부담은 커진다. 가족들이 있는데 나 혼자 결정해도 되는 것인지 판단이 서지 않아 1년, 2년 정도 지나쳐 버리는 경우를 자주 본다. 그러한 경우는 유족들이 모여서 지혜를 나누며 함께 유품을 정리한다면 자연스럽게 판단이 된다. 그러나 오늘날 남겨진 한두 사람의 유족만으로는 결정하기가 어렵기에 전문가의 도움을 받고 싶은 마음이 들어서 유품정리 전문업체를 찾는 경우가 있다.

QUESTION

유품정리를 유족이 할 수 없는 이유?

유품에 얽힌 추억과 사연

유품정리를 할 때는 고인이 애용하던 물건, 고인의 추억을 떠올리는 물건들 때문에 자녀들이 직접 하기에는 매우 어렵고 힘든 작업이 된다. 유품으로 남기고자 하여도 좀처럼 결단을 내리지 못하기도 한다. 유족이 유품정리를 하면 아무래도 고인을 떠올리며 감정이 고조되어 작업이 진행되지 않는 경우도 있다. 이러한 이유들로 유족이 유품정리를 하는 것은 힘들다.

시간도 없고 엄두도 안 난다

바빠서 유품정리를 할 시간이 없거나 본가가 먼 곳에 있기 때문에, 일을 며칠씩 쉬고 유품정리를 하러 가는 것 자체가 어려운 경우가 있다. 또 본가의 크기가 큰 집이거나, 시골집인 경우에는 유품정리에 여러 명이 며칠씩 매달리지 않으면 끝내기가 어렵다. 유품정리를 시작한다고 해도 유품정리가 너무 방대해서, 육체적으로 힘들고 엄두가 나지 않는 경우도 있다.

보관할지 버릴지 판단이 어려워

스스로 유품정리를 실시할 때, 애초에 유품정리를 무엇부터 하면 좋을지 모른다는 분도 많이 있다. 보통의 정리나 이사와는 달리 고인의 돌아가신 유품을 남길지 아니면 버릴지 바로 판단하기는 꽤 어려운 일이다. 또한 유품 중에는 가치가 높은 것도 있다. 그 유품을 그냥 둘 것인지 버릴 것인지, 아니면 팔 것인지 버릴 것인지의 판단도 쉽지 않다.

QUESTION

유품정리사가 탄생한 배경은?

1인가구 시대의 도래

1인가구 시대가 도래하였다. 전체 가구 수의 약1/3이 1인가구이다. 가족이 함께 살면 고독사는 일어날 수 없다. 1인가구의 증가는 필연적으로 고독사도 증가한다.

원래 '유품정리'는 유족들의 역할이지만, 고독사의 경우는 유가족이 없거나 있어도 여러 가지 이유로 유족들이 직접 유품정리를 하기는 어렵다. 유품정리 전문업체가 없던 시절에는 이른바 용역업자, 청소업자, 폐기물처리업자들이 유품을 정리하기도 하였다. 유품정리 수요가 갑자기 늘어나면서 본격적으로 유품정리, 특수청소를 표방하는 사업자가 급격히 늘고 있지만 유품정리업을 정식업종으로 등록한 업체는 없다.

2010년에 처음 등장

우리나라에서도 2010년에 유품정리 전문업체가 처음 등장했다. 유품정리사는 1인가구가 증가하고, 주변에 자신의 사후를 처리해 줄 어떤 인연도 남겨놓지 않은 채 삶을 마감하는 고독사가 생겨남에 따라 자연스럽게 생겨난 직업군이다. 더구나 고독사의 경우에는 고인의 시신에서 발생된 핏자국血痕, 부패물, 냄새屍臭, 해충 등을 위생적으로 처리하는 '특수청소'가 필수적인데 유가족이 이런 업무를 위생적으로 처리하는 데에는 한계가 있다. 따라서 유품정리와 특수청소를 전문적으로 하는 유품정리업체를 필요로 하게 되었다.

법적규제 없는 유품정리

공인된 유품정리제도가 정착되지 않은 틈을 타서 유사한 업종에서

너도나도 유품정리업에 뛰어들었다. 수익성에 치중한 일부 업자는 유품정리가 아니라 유품처분으로 바라보고 소중한 유품을 쓰레기로 폐기하는 경우가 생겼다. 유품을 마치 주인 없는 물건처럼 다룬다. 공중위생이나 폐기물처리의 관련 행정규제를 지도하고 감독하는 기능이 미비한 틈을 타서 생겨나는 문제이다. 유품정리를 의뢰한 유족들도 정리 후에 유품이 어떻게 처리되었는지에 관심이 없는 것도 큰 문제점으로 지적된다.

04
QUESTION

유품정리 전문업자에 맡기는 이유는?

유품정리도 분업화

유품정리는 원래 유족이 해야 할 업무이지만, 현대의 분업사회에서는 유족이 있어도 여러 가지 사유로 유족이 직접 유품정리를 하지 못하고 전문가에게 맡기고 있다. 왜 이런 변화가 생겼을까? 한식구가 같이 살던 농경 시대, 대가족 시대에는 아무런 문제가 없던 일이다.

대가족 시대에는 한집에 같이 살던 부모님의 물건은 가족 중 누군가가 이어받을 것이고, 자기 집 안에 있는 물건이기 때문에 시간을 들여서 천천히 정리해도 되었다. 대대로 내려온 가보에 대해서도 평소에 보고 들은 적이 있고 함께 살아오면서 집안 어디에 어떤 물건이 있는지 잘 알 수 있었다. 그러나 농경사회의 공동체사회가 산업사회

의 분업사회로 변화하면서 유품정리도 자연스럽게 분업화의 대상이
되었다.

체력적으로 힘든 업무

이것은 특히 배우자를 잃은 고령자의 의뢰가 많은 경우이다. 혼자
살게 되어 의지할 수 있는 친척이나 가족이 근처에 없기 때문에, 유품
정리를 도와줄 사람을 찾아보다가 전문가에게 연락을 하는 경우이다.

현대인은 바빠요

본가로부터 멀리 떨어져 살고 있으면서, 한창 일할 수 있는 연령대
의 분들이 부모님의 유품정리를 의뢰하는 경우이다. 유품을 선별하
고, 가격을 견적해서 알아보고, 재활용품으로 판매하고, 폐기물을 분
리해서 폐기하는 단계까지 단계적인 유품정리가 시간적으로 불가능
하다는 것을 깨닫고 전문가에게 의뢰를 하는 경우이다. 바람직한 상
황은 아니지만 현장에 입회도 하지 않고 모든 것을 유품정리사에게
위임하는 경우도 있다.

유품의 가치를 몰라

추억의 물건들은 가족들이 나누어서 가질 수도 있지만, 가전과 가
구는 웬만하면 각자가 가지고 있고 귀금속, 보석류는 유행에 맞지 않
다. 그래도 남아 있는 보석이나 귀중품을 처분하고 싶어도 그 가치를
모른다. 고인께서 가치 있는 물건을 소유하고 있었던 사실조차 모르

는 경우도 있다. 고인이 되기 전에 미리 물려주면 좋겠지만 이런 기회를 놓친 경우 자녀들은 부모님의 물건을 버릴 수도 팔 수도 없는 상황에 놓이게 된다. 생전에 물려받아야 할 보석이나 귀중품의 가치에 대해서 들어볼 기회조차 가져 본 적이 없는 가족들이 늘고 있다.

부모님의 집정리

주거공간을 비워야 하는 경우에는 충분한 시간과 인원이 있어도 유족의 힘만으로는 처분과 폐기를 결정하기는 어렵다. 왜냐하면 부모님과 떨어져 산 기간이 너무 길기 때문에 부모님이 쓰시던 물건에 대해서 잘 모른다. 부모와 자녀의 별거가 당연한 현대사회에서는 누구나 당면할 결말이라고 볼 수 있다.

QUESTION

유품정리의 폐해는 어떤 것이 있나?

고액청구와 추가 비용

죽음 앞에서는 누구나 혼란을 겪게 되는데 유족들의 약점을 악용하여 터무니없이 고액을 청구하거나, 유품정리를 마치고 이런저런 이유를 달아서 추가요금을 청구하는 사례이다.

유품의 불법 취득

유족에게 알리지 않고 고가의 유품을 불법 취득하는 사례이다. 유품정리업체에서 불법행위를 저지르는 경우도 있지만 유품정리사가 독단적으로 불법을 행하는 경우도 있다. 유가족의 동의 또는 승낙 없이 유품이나 현금을 취득하는 것은 형사법상 절도죄 또는 횡령죄에 해당하며 민사상 손해배상책임을 지게 된다.

유품의 임의 처분

유품정리 서비스가 위임이나 도급의 성격을 갖고 있기 때문에, 고인이나 유가족이 그 처분을 의뢰했다 하더라도 유품정리업체에게 처분 권한만 부여한 것이지 소유권을 넘겨준 것은 아니다. 따라서 서비스제공자가 임의로 처분하거나 처분한 대가를 자신이 취득하는 것은 범죄행위이다. 다만, 유품의 처분권자인 유족으로부터 그 유품을 매입하고 소유권을 양도받은 경우라면 문제가 없을 것이다. 하지만 이 과정에서도 금전적 가치 여부와 상관없이 적법한 절차로 명확하게 처리해야 한다. 유족이 공양, 소각, 기증하려 했던 것을 임의대로 처분하여 대가를 취득하는 것도 불법이 된다.

유품의 불법처리

마지막으로 유품을 소각하거나 폐기처리하는 과정에서 관련 법규를 무시하고 불법으로 처리하는 사례이다. 이런 문제를 예방하고 우리 사회에서 유품정리가 공익적이고 보편적인 서비스로 자리매김하려면 고도의 전문성과 직업적 윤리의식을 갖춘 유품정리사를 양성하고 서비스제공기관이나 사업자에 대한 규제를 마련하는 등의 노력이 필요하다.

외국의 유품정리사 제도

QUESTION

외국에도 유품정리사가 있나?

오래전부터 있었던 직업군

한국에서 유품정리사는 비교적 새로운 직업으로 인식되고 있는 반면, 외국에서는 이미 오래전부터 존재해 왔던 서비스이다. 각국에서 유품정리 서비스는 문화와 사회적 요구에 따라 다르게 발전했지만, 공통적으로는 사망자의 물품을 정리하고 유족들에게 부담을 덜어주는 역할을 하고 있다. 유품정리사는 단순한 물리적인 정리가 아니라 감정적으로 어려운 시기에 유족들을 지원하는 중요한 역할을 한다.

미국의 Estate Cleanout와 Estate Sales

미국에서는 유품정리와 관련된 서비스가 'Estate Cleanout' 또는 'Estate Sales'로 알려져 있다. 이는 주로 사망한 사람의 유품을 정리하거나 경매를 통해 판매하는 서비스이다. 유족들은 보통 전문가에게 도움을 요청하여 물건을 정리하고, 집을 팔거나 잔여 물품을 처리한다. Estate Sales에서는 고급 가구, 예술 작품, 귀중품 등 다양한 물품이 경매나 판매를 통해 처분된다. 특히 미국에서는 유품정리 서비스를 제공하는 전문가들이 물품을 정리하고, 물건의 가치 평가도 해준다. Cleanout은 물리적인 청소와 함께 정리 작업을 하며, 유품뿐만 아니라 집의 환경을 정돈하는 과정이 포함된다.

영국의 House Clearance

영국에서도 유품정리 서비스는 매우 일반적이다. 'House Clearance'라는 용어는 사람들이 사망한 후 그 집의 물건을 정리하는 서비스이다. 유족이 없는 경우나 해외에 거주하는 유족들을 위해 집을 비우고, 물품을 처리하는 일을 전문적으로 하는 서비스이다. 집의 물품을 처분하는 과정에서 가치 있는 물건을 골라 판매하거나 기부하는 일이 포함될 수 있다. 또한, House Clearance 서비스는 집을 판매하기 위해 준비하는 경우에도 제공된다.

프랑스의 Succession et Débarras

프랑스에서는 유산 분배와 관련된 서비스를 'Succession'이라고 하며, 유품정리와 관련된 업무는 종종 'Débarras'라는 용어로 알려져 있다. 유품정리사는 사망자의 집에서 불필요한 물품을 처리하고, 유산 분배에 도움이 되는 방식으로 물건을 정리한다. 이 과정은 물건을 판매하거나 기부하는 방식으로 진행되며, 필요한 경우 유족의 요청에 따라 법적 문서화 작업도 돕는다.

호주의 Deceased Estate Services

호주에서는 유품정리 서비스를 'Deceased Estate Services'라는 이름으로 제공한다. 이 서비스는 사망자의 집을 청소하고, 유품을 정리하는 일을 포함한다. 특히, 유품정리 서비스는 유족들이 사망자의 물건을 분배하거나 집을 팔 때 필요하다. 이 서비스에서는 집의 상태를 점검하고, 유산 관련 문제를 해결하는 데 도움을 주며, 자산의 가치 평가와 물품의 처분을 위한 안내를 제공한다. 이민이나 사망 등으로 인해 집을 비워야 하는 경우에 집 전체를 정리하거나 폐기물처리, 부동산 중개 등 다양한 서비스를 함께 제공하는 경우가 많다.

QUESTION

일본에도 유품정리사가 있나?

일본의 유품정리사

일본에서는 '유품정리사遺品整理士: Ihin Seiri-shi'라는 자격증을 가진 전문가들이 있다. 유품정리사 자격자를 배출하는 단체는 2011년도에 북해도에 본부를 두고 설립한 유품정리사 인정협회가 대표적이다. 이 협회는 2024년 현재 약 6만 명의 유품정리사를 배출하였으며, 유품정리사 외에도 관련 자격증을 발급하고 있다. 유품정리사 관련 자격증으로서 '유품사정사', '사건현장 특수청소사', '자연장 어드바이저' 자격증을 발급하고 '유품정리TV'를 유튜브로 방송하고 있다. 각 지역에 지부를 두고 매년 유품정리사 자격증 소지자를 대상으로 전국 순회 세미나를 지역별로 개최한다.

특히 일본은 높은 인구 고령화로 인해 유품정리 서비스의 수요가 증가하고 있으며, 많은 사람들이 살아 있을 때 미리 유품을 정리하는 생전정리도 유행하고 있다.

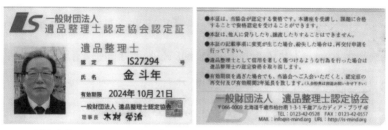

일본의 유품정리사 자격증(전면)   일본의 유품정리사 자격증(후면)

일본의 종활終活=슈가츠**산업**

일본은 후기고령사회의 도래와 함께 죽음준비終活=슈가츠 관련 사업이 급속히 성장하고 있다. 그중에서도 고인이 소유하고 있던 유품의 정리 등을 상속인을 대신해 대행하는 업무, 이른바 '유품정리업'이 갑자기 주목받고 있다.

유품정리업은 특별한 설비를 그다지 필요로 하지 않고, 대형 오피스를 마련할 필요도 없고, 대규모 인력이나 설비가 필요 없으며, 초기 투자가 작게 드는 점, 업무실시에 특별한 자격을 필요로 하지 않는 점 등의 이유로부터 신규진입이나 신규진입을 준비하는 사람들이 급속히 늘어났다.

다만, 유품정리업에도 여러 가지 관련 업무를 실시하게 됨으로써 다양한 관련 법규제가 따르게 된다. 이 점을 의식하지 않고 업무를 시작해 버리면, 영업 정지 등의 예상치 못한 손해가 발생할 가능성이 있다.

일본의 고물영업법

유품 중 매각 가능한 물품에 대해서는 법률상 '고물'로 취급된다고 물영업법 2조 1항. 그리고 고물을 위탁을 받아 매매할 때에는, 영업소가 소재 하는 도도부현의 공안 위원회의 허가 고물상 허가를 얻을 필요가 있다고 물영업법 2조 2항 1호, 3조 1항. 일단 의뢰자로부터 처분 예정의 물품을 매 수자기 매입, 그 후 업자가 매각하는 형태를 취한 경우라도 역시 고물 상 허가가 필요하다.

다만, 우리나라의 고물영업법은 그림이나 조각을 다루는 화랑, 시 계 안경 보석류 취급점, TV 라디오 등의 전자 대리점, 팩시밀리 등 사무용 대리점, 운동용구점, 그리고 헌 책방 등은 고물영업법에 따라 서 관할 경찰서장의 허가를 받아야 했지만 1993년에 고물영업법이 폐지되었기 때문에 지금은 세무서에 사업장 등록만으로 영업이 가능 해졌다.

일본의 생활폐기물 관련법

유품의 분류 결과, 팔 수 없다고 판단된 물건 또는 유족이 인수를 거부한 유품을 처분하는 경우, 이러한 유품은 가정계의 일반폐기물에 해당하게 된다.

그리고 가정계의 일반폐기물한국에서는 생활 쓰레기에 관해서는, 수집·운반을 업무의 일환으로서 실시하는 경우에는, 그 업무를 실시하는 시구정촌의 허가일반폐기물 수집 운반업 허가를 받을 필요가 있다폐기물처리법 7조 1항 본문. 따라서 유품정리업을 할 때는 일반폐기물 수집 운반업 허가를 취득해 두는 것은 필수가 될 것으로 생각된다.

다만, 일반폐기물의 수집·운반에 관해서는 허가를 가진 다른 업자에게 부탁하는 방법도 생각할 수 있다.

일본의 산업폐기물 관련법

유품정리 업무에서 자기 매입을 실시한 후에 유품을 매각하는 경우에 매각하지 못하고 남은 유품을 처분하는 경우는, 이러한 유품은 사업계의 일반폐기물이 된다. 실제로는 중소규모 사업자를 위해 많은 자치단체가 사업계 일반폐기물에 관해서도 수집·처리를 실시하고 있다.

사업계 일반폐기물의 수집·처리에 관해서는 별도 수수료를 징수하고 있는 지자체가 많다. 또, 처분하는 물품 중에 이른바 법률상의 산업폐기물폐기물처리법 2조 4항에 해당하는 물건이 있는 경우에는 처리위탁하는 경우도 포함한다에 관해서 법률상 엄격한 룰이 부과되고 있어 그것을 준수할 필요도 있다.

폐기물처리업자에게 처분을 위탁하는 경우에도 최종적으로 처분에 이를 때까지 그 진척 상황을 적절히 확인하고 처분이 제대로 이루어지기 위해 적정한 조치를 취하는 노력의무도 부과된다폐기물처리법 12조 7항. 우리나라에서도 산업폐기물의 경우에는 폐기방법이 다르므로 관련법에 따라서 적법하게 처리해야 한다.

QUESTION

일본농협은 유품정리도 하나?

일본농협의 유품정리 사업

일본농협에서는 농협의 집정리팀JAの片付け隊을 운영하고 있다. "오랫동안 사용하지 않은 집일수록 여러 가지 물건들이 넘쳐난다. 농협이 도와드린 사례를 소개한다"라는 문구와 함께 유품정리 전의 사진Before과 정리 후의 사진After을 보여준다.

예시로 들고 있는 집의 경우 찬장, 가스레인지, 거실장, 테이블, 의자 4개, TV, TV장, 화장대, 불단, 장롱, 냉장고, 전자레인지, 세탁기, 에어컨, 이불 4채, 작업인부 4명, 폐기물 2톤의 비교적 단순한 작업인데 합계 금액은 35만 2천 엔약 352만 원이다.

일본농협의 유품정리 표준요금제

일본농협JA의 장례식장JA도쿄중앙세리머니센터에서는 유품정리 사업에 표준요금제를 도입하여 안내하고 있었다. 예를 들어 2LDK에 작업인부 4명이 출동할 경우에는 27만 5천 엔약 275만 원의 표준요금을 받는다. 4LDK에 작업인부 6명인 경우에는 49만 5천 엔약 495만 원의 요금을 받는다.

우리나라의 유품정리 비용보다 약 2배에 이르는 요금이다. 우리나라는 표준요금 자체가 없다보니 비교할 만한 대상이 없다. 어디 물어볼 곳도 없고, 기껏해야 인터넷 광고를 보고 몇 개 업체를 비교견적하는 수밖에 없다. 이 과정에서 무지한 소비자는 피해를 보는 경우가 많다.

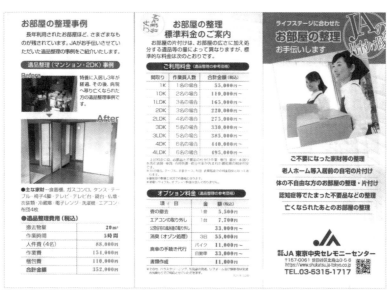

일본농협장례식장(JA도쿄중앙세리머니센터)의 유품정리 표준요금 안내(팸플릿)

제4절

유품정리사 자격증 제도

QUESTION

유품정리는 아무나 할 수 있나?

법제도 없는 유품정리업

우리나라에서도 활동하고 있는 유품정리업체 중에서 유품정리사 자격증을 가지고 있는 사람은 많지 않다. 왜냐하면 우리나라에는 유품정리사 제도가 없었기 때문이다. 그렇다고 유품정리사 자격증이 없으면 불법인가? 우리나라에는 유품정리업에 관한 법 규정이나 이를 금지하는 행정규제가 없기 때문에 자격증 없이 유품정리를 해도 불법은 아니다.

이렇게 유품정리에 관한 법제도가 정립되지 않은 틈을 타서 철거업자, 청소업자, 소독업자, 건물관리업자, 폐기물처리업자, 자원재활용업자고물상, 이삿짐업자, 심부름센터 등 유사한 직종에서 기회만 있으면 유품정리업에 뛰어들고 있다.

유품정리의 소비자 피해 증가

유품정리에 관한 전문지식과 기능을 갖추지 못한 비전문가들이 유품정리업에 뛰어들다 보니, 불법은 아니지만 유족의 급박한 처지를 악용하여 유품을 소홀히 다루거나, 고액청구를 하거나, 소홀한 위생 관리로 이웃에 피해를 주거나, 폐기물을 불법 처리하는 등의 소비자 피해도 덩달아서 늘어나고 있다.

특히 2020년대에 들어서 고독사 발생이 급증하고 이에 따른 위생 문제, 폐기물처리 문제, 방역 문제가 심각하게 대두되고 있어 하루속히 유품정리업을 입법화하고 전문가를 양성할 필요가 있다.

QUESTION

유품정리사 어떤 준비가 필요해?

유품을 소중히 다루는 자세

유품정리사가 되기 위해서 필요한 학력이나 경력은 따로 필요하지 않다. 외국인도 가능하다. 고인의 생전유품을 정리하는 일이기 때문에 유품을 소중히 다루고 경건한 자세로 임할 수 있어야 한다.

도전정신과 담대한 정신력

유품정리의 현장에는 며칠 전 혹은 몇 시간 전까지만 해도 시신이 있던 곳이다. 경우에 따라서는 혈흔과 시신에서 떨어져 나온 조각들과 분비물을 마주해야 한다. 시체에서 나오는 악취시취를 맡아가면서 오염물을 정리해야 하고, 자살이나 타살 등 끔찍한 현장을 마주하는 경우도 있다. 그런 점에서 의사, 간호사, 장례지도사처럼 시신을 무서워하지 않는 담대한 정신력이 필요하다.

유품정리 관련 지식

유품정리 업무와 관련해 별도의 학과가 개설되어 있진 않지만 대학의 장례지도학과, 생사의례학과, 사회복지학과, 법학과를 졸업한 이들에게 적합한 일이다. 특히 민법상속편 공부를 해두면 도움이 된다. 형법 중 횡령에 관련한 법 개념 등을 잘 알고 있어야 유품에 대한 처리를 정확하게 할 수 있다. 또한 공중위생법, 폐기물관리법 등 환경과 관련한 법내용도 꼼꼼히 파악해 둬야 한다.

인문학 공부를 통해 삶과 죽음, 생사문화, 사후복지, 사후세계에 대한 이해, 행복에 대한 가치관을 자기 나름대로 세워두는 태도도 필요하다.

유품정리사 자격증 어디서 받지?

한국엔딩협회의 유품정리사

'유품정리사Keepsake's Manager'는 민간자격증이다. 민간자격이란 국가 이외의 자가 일정요건을 갖추어 등록한 자격증을 말한다. 민간자격은 자격기본법 제17조민간자격 신설 및 등록 등의 규정에 따라서 한국직업능력개발원에 신청하여 중앙부처의 심사를 거쳐서 등록이 결정된다. 우리나라 최초의 유품정리사 자격증은 한국엔딩협회에서 신청한 민간자격증으로 중앙부처의 심사를 거쳐서 2025년에 등록하였다.

등급별 자격기준

한국엔딩협회에서 자격을 검정하는 '유품정리사'의 등급은 단일등급이다. 검정기준은 전문가 수준의 유품정리지식을 활용하여 유족 등으로부터 처리를 의뢰받은 유품의 정리, 반출, 기부, 소각, 폐기 등 유품의 물리적인 정리 업무와 유품현장의 청소, 소독, 부패물 및 악취제거, 해충구제 등 위생관리 업무의 수행에 필요한 전문지식과 실무능력을 갖춘 전문가 수준의 직무능력을 평가한다.

검정과목 및 합격기준

유품정리사는 민법상 제한능력자를 제외하고는 연령과 학력에 제한이 없다. 외국인도 응시가능하다. 필기시험과 실기시험에 응시하여 100점 만점에 60점 이상이면 합격이다.

필기시험은 ① 유품정리사 직업탐색, ② 유품정리학 개론, ③ 특수유품의 이해, ④ 유품정리 준비실무, ⑤ 유품정리 현장실무, ⑥ 유품현장 위생관리, ⑦ 유품현장 특수청소, ⑧ 유품정리 사후정산, ⑨ 생전유품의 정리, ⑩ 재활용 및 폐기처리 등 총 10과목이다.

필기시험은 사지선다형, 실기시험은 유품정리 실기에 관한 서술형·단답형으로 100점 만점에 60점 이상이 합격이다.

QUESTION

유품정리사가 법률상담도 할 수 있나?

유품정리사는 법률행위에는 관여할 수 없다

유품정리사가 유품의 소유권이나 처분권에 관한 법률행위를 판단하거나 조언을 해서는 안 된다. 우리나라에서 그동안 여러 단체에서 유품정리사 민간자격을 신청했지만, 계속해서 등록이 거부된 사유가 바로 유품과 관련한 법률행위에 관여할 경우 변호사법이나 법무사법에 저촉될 수 있다는 우려 때문이었다. 따라서 유품정리사는 유품에 관련된 상속 등의 법률행위에 관여해서는 안 되고 유품의 정리 업무즉, 물리적인 사실행위에만 관여할 수 있다.

유품정리사는 상속 업무에 관여할 수 없다

유품정리사는 상속과 관련된 직무에 관여할 수 없다. 유품이 상속 대상에 속하는지를 결정하는 법적판단은 상속권자의 권한이지, 유품정리사의 권한이 아니다. 따라서 유품정리사는 유족 등의 상속권자로부터 처리를 의뢰받은 유품에 대한 물리적이고 사실적인 처리 업무를 담당한다. 상속을 포함한 법적효과와 관련된 법률행위의 대리는 변호사 업무에 해당하고 유품정리사가 이를 대리할 권한이 없다. 따라서 유품정리사는 상속절차에는 관여할 수 없고 사망 후 정리 및 처분과 관련된 실질적인 물리적 업무를 담당한다. 예를 들면 부동산 상속 업무나 자동차등록 업무를 대행하는 것은 불법이다.

유품의 매입이나 판매위탁은 가능하다

유품의 처분행위의 대리는 제한적으로 가능하다고 본다. 유품도 물건이고 물건의 처분을 대리하는 것은 소송행위가 아니라 민법상 대리권에 속하기 때문에 소송행위처럼 변호사만이 대리할 수 있는 것은 아니다. 따라서 민법상의 매매나 대리에 관한 규정에 따르면 된다.

제5절

유품정리업의 창업절차

QUESTION

유품정리업 사업자등록은 어떻게?

표준산업분류:

건축물 일반 청소업74211, 소독, 구충 및 방제 서비스업74220

통계법 제22조표준분류에 따라서 통계청장이 고시하는 2024년 개정 전의 한국표준산업분류에서는 유품정리N742-4가 있었다.

하지만 2024년 개정 고시된 한국표준산업분류표제11차개정에는 유품정리가 없어졌다. 유품정리업과 유사한 산업분류로는 건축물 일반 청소업74211: 주거용, 상업용 또는 산업용 건물의 내부 및 창문을 청소하는 산업활동과 소독, 구충 및 방제 서비스업74220: 건물, 가구 및 기기 등을 소독, 구충 및 방제하는 산업활동이 있다.

사업자등록 코드:

건축물 일반 청소업749300**, 소독, 구충 및 방제 서비스업**749302

국세청의 사업자등록 업종코드에도 유품정리는 없다. 유사한 업종 코드로는 건축물 일반 청소업749300과 소독, 구충 및 방제 서비스업 749302이 있다.

QUESTION

유품정리업 인허가는 어떻게?

건물위생관리업 신고

유품정리업을 창업하기 위해서 꼭 필요한 것이 청소업인데, 청소업에 대한 근거법률은 공중위생관리법이다. 청소업의 정확한 명칭은 과거의 공중위생관리법에서는 위생관리용역업이었는데, 2016.8.4. 개정으로 건물위생관리업제2조제1항제7호으로 바뀌었다.

건물위생관리업을 수행하기 위해서는 공중위생관리법 시행규칙 [별표1]에서 규정한 허가장비를 갖추어야 한다. 법인의 경우에는 미리 정관에 건물위생관리업을 추가해 두고, 사무실의 용도는 '근린생활시설' 또는 '업무용시설'의 용도가 좋다. 건물위생관리업을 수행하기 위해서는 위생교육을 받아야 하는데 한국건물위생관리협회의 인터넷교육을 수강하면 된다. 준비가 끝나면 관할관청에 건물위생관리업 신고를 해야 한다.

건물위생관리업 시설기준(공중위생관리법 시행규칙 별표1)

가. 건축물 바닥을 닦고 광택을 내는 지름 25cm 이상의 마루광택기를 2대 이상 비치하여야 한다.

나. 진공청소기집수 및 집진용를 2대 이상 비치하여야 한다.

다. 업무수행에 필요한 안전벨트·안전모 및 로프를 갖추어야 한다.

라. 먼지, 일산화탄소, 이산화탄소를 측정하는 측정장비를 갖추어야 한다. 다만, 「건축법」 제2조제2항에 따른 업무시설 용도의 건축물로서 연면적 3천제곱미터 미만의 건축물 또는 같은 조 같은 항에 따른 2 이상의 용도에 사용되는 건축물로서 연면적 2천제곱미터 미만의 건축물을 청소하는 경우에는 그러하지 아니하다.

소독업 신고

소독업에 대한 근거법률은 감염병의 예방 및 관리에 관한 법률이다. 소독업을 시작하려면 법률에서 정한 시설, 장비 및 인력에 관한 기준을 갖추어서 관할 보건소에 '소독업 신고'를 해야 한다. 또한 소독 업무 종사자는 소독 업무에 종사한 날로부터 6개월 이내에 소독에 관한 교육을 받아야 한다. 소독업 교육은 ㈔한국방역협회에서 온라인으로 수강할 수 있다.

소독업의 시설·장비 및 인력기준
(감염병의 예방 및 관리에 관한 법률 시행규칙 별표8)

1. 시설: 사무실 및 사무실과 구획된 창고를 갖추되, 창고시설은 다음 각 목의 기준에 따른다.

   가. 사람이 생활하는 장소와 구획되어야 한다.

   나. 환기 및 잠금 설비가 있어야 한다.

2. 장비

　가. 휴대용 초미립자살충제 살포기 1대 이상

　나. 휴대용 연막소독기 2대 이상

　다. 삭제 〈2014.12.31.〉

　라. 수동식 분무기 3대 이상

　마. 방독면 및 보호용 안경 각각 5개 이상

　바. 보호용 의복상·하 5벌 이상

　사. 진공청소기 등 청소 및 소독에 필요한 기계·기구

3. 인력: 대표자 외에 소독 업무 종사자 1명 이상

제6절

유품정리사의 직업전망

01
QUESTION

왜 갑자기 유품정리가 늘어났을까?

고령의 1인가구 증가

2023년 가구주 연령이 65세 이상인 고령자 가구는 총 565만 5천 가구이며, 고령자 가구 비중은 2015년이 32.9% 이후 계속 확대되는 모습을 보이고 있으며, 혼자 사는 고령자의 절반 정도46.2%가 단독주택에 거주하고 있다.

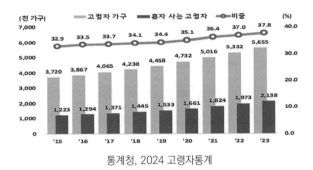

통계청, 2024 고령자통계

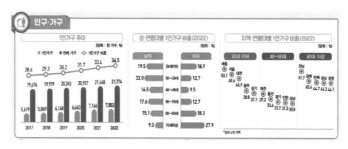

통계청, 2023 통계로 보는 1인가구, 2023.12.12.

다사사회多死社會의 도래

다사사회란 노인의 증가로 사망자 수가 급격히 늘어나 인구가 점차 감소하는 사회형태를 말한다. 통계청의 장래인구 추계를 보면, 2022년에 처음으로 사망자 수36만 명가 출생자 수25만 명를 넘어서는 데드크로스를 찍었다. 이후 사망자 수는 급증하여 2040년에는 53만 명, 2072년에는 69만 명이 사망할 것으로 내다보았다. 2022년의 전체 사망자 수 36만 명은 2024년 대학 입학생 수 34만 명보다 많은 수치를 보였다.

통계청, 장래인구추계(2022~2070)

고독사의 증가

2022년 현재 1인가구는 총 7,502천 가구로서 전체 가구 수 21,774천 호의 34.5%를 점하고 있다. 1인가구의 증가는 필연적으로 고독사의 증가와 맞물려 있다. 최근 1인가구의 증가와 함께 고독사는 해마다 늘고 있지만 정확한 통계가 없어 실태 파악이 어려웠다.

2021년에는 고독사 예방 및 관리에 관한 법률법률 제17172호, 2021. 4.1.시행을 제정하고 고독사예방사업을 실시하였으며, 이 법에 따라서 정부차원의 고독사실태조사를 실시하고 있다. 2021년 한 해 동안 발생한 고독사수는 3,378건에 이르고 있다.

〈최근 5년간 고독사 발생 현황〉

(단위: 명, %)

통계청, 2023 통계로 보는 1인가구, 2023.12.12.

자살자의 증가

자살자는 고독사의 4배에 이른다. 2023년 통계청의 사망원인 통계에 따르면 고의적 자해자살은 사망원인 중 5위를 나타낸다. 2023년 한 해 동안 자살자의 수는 13,978명으로 고독사의 약 4배에 이

른다. 암, 심장질환, 폐렴, 뇌혈관질환에 이어서 5위가 고의적 자해

_{자살}이다. 그 다음에는 알츠하이머병과 당뇨병, 고혈압, 패혈증, 코

로나19가 뒤따르고 있다. 특이한 점은 10~30대에서는 자살이 사

망원인 1위이지만, 노령층에서도 자살률 자체는 젊은이들보다 높다

는 점이다.

　자살현장은 유족으로서도 쉽게 접근하기 어렵고, 특히 남에게 노

출되는 것을 극도로 꺼리게 된다. 자살현장은 유족들이 스스로 정리

하기 어렵고, 유족이 손댈 수 없는 자살현장에서는 유품정리사의 도

움을 필요로 한다.

〈자살자 수 및 자살률 추이, 2013~2023〉

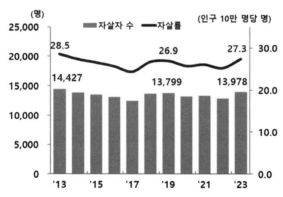

통계청, 2023년 사망원인 통계, 2024.10.04.

QUESTION

유품정리가 문제인 이유는?

1인가구가 전체 고령자의 37.8%

문제는 이혼이나 사별로 인해 혼자 사는 1인가구가 급증하고 있다. 통계청의 2024년 고령자 통계에 따르면 2023년 65세 이상 고령자 가구는 총 565만 5천 가구이며 이 중 혼자 사는 가구는 213만 8천 가구로 전체 고령자의 37.8%에 이른다.

유독 많은 '혼자 사는 할머니'

우리나라는 유독 혼자 사는 여성노인 가구가 많다. 혼자 사는 남성 1인가구는 31.0%인데 여성 1인가구는 69.0%로서 남성보다 2배 이상 많다.

혼자 사는 할머니들의 사연은 대체로 비슷하다. 시집가기 전까지 어린 시절은 친정에서 부모님 밑에서 살았다. 결혼으로 남편과 독립해서 사는 동안에 자녀들이 태어나고 자라서 제각기 독립해서 분가했다. 다시 시부모님과 남편을 간호하면서 살아왔는데 시부모님도 남편도 이 세상을 떠나고 비로소 홀로 남은 외톨이가 되었다. 처음으로 독립을 맞이했지만 이미 고령이 되어버려서 한평생 살아온 유품을 정리할 힘도 없고 엄두도 나지 않는다.

홀로 남은 집 안에도 넘쳐나는 유품들

홀로 남은 집 안에는 조상 대대로 이어져 온 가족들의 물건으로 넘쳐난다. 농경 시대에서 산업화를 거치면서 급격하게 부유해진 결과 물자 부족 시대와는 비교할 수 없을 정도로 물건이 많아졌다. 한 사람이 사망했을 뿐인데 남아있는 유품의 양은 굉장히 많아졌다.

핵가족화는 오히려 물자의 풍요를 부추겼다. 신혼부부와 학생, 혹은 직장생활을 위해서 주거가 분리되어 1인 오피스텔이나 임대형 아파트가 늘어났다. 작은 집이지만 거기에도 TV, 냉장고, 세탁기, 주방기구, 가스레인지와 같은 살림살이가 필요해졌다.

그리고 따로 살던 1인가구 한 사람이 죽었을 뿐인데 TV, 냉장고, 세탁기가 모두 필요 없게 되었다. 한 사람이 죽을 때마다 한 채의 집에 꽉 찬 물건을 통째로 비워야 한다. 그 방대한 작업을 남아 있는 유족들이 감당하기가 벅찬 시대가 되었다. 향후에 유품정리업이 어떻게 될지 짐작이 갈 것이다.

'2035년 문제'

일본에는 '2025년 문제'라는 말이 있다. 2025년 문제란 단카이團塊세대종전 후 1947~1949년생가 모두 75세를 맞이하며 발생되는 문제이다. 75세 이상이 되면 질병과 부상의 위험으로 건강 및 돌봄 관련 비용이 늘어나고 치매도 큰 폭으로 늘어난다. 노동인구의 감소와 의료 및 장기요양개호의 증가는 사회보장에도 악영향을 주는데 이를 '2025년의 문제'라고 한다.

우리나라도 이미 초고령사회에 접어들었다. 2035년은 우리나라의 이른바 '1차 베이비부머세대1955~1963년생'가 만 75세가 되는 해이다. 우리나라도 일본처럼 후기고령화 시대를 맞이하게 된다. 우리나라도 2035년 문제에 대비해야 할 때이다.

QUESTION

유품정리사의 미래는?

유품정리 수요의 증가

유품정리사는 주로 유품정리업체나 상조회사 등에서 일한다. 홀로 살다가 죽음을 맞이하는 고독사가 늘어나면서 고독사한 사람의 유품을 정리해 주는 유품정리업체도 조금씩 늘어나고 있다. 유품정리 비용은 혼자 살던 사람이 머물던 공간의 넓이, 유품의 규모, 특수청소 여부에 따라 달라진다. 고독사 등에서 주검의 혈흔·악취 등을 지우는 특수청소가 필요한 경우에는 특수청소비가 추가로 소요된다. 이 경우에 대비해서 유품정리사 이외에 특수청소 관련 자격을 준비하는 것도 좋다.

유품정리사는 전문직업인

일본에서는 2011년에 처음으로 유품정리사 인정협회에서 유품정리사를 배출하기 시작한 이래 지금까지 약 6만 명의 유품정리사가 배출되었고, 15년이라는 시간이 경과하면서 유품정리업의 산업화도 어느 정도 진행된 상태이다.

일본의 유품정리업계 종사자들은 '유품정리사' 자격증은 기본이고, '사건현장 특수청소사', '유품사정사', '자연장 상담사'와 같은 전문자격증을 추가로 취득하여 전문성을 인정받고 있다. 유품정리업계에서도 전국적인 네트워크와 규모화가 진행되고 있다.

유품정리업의 밝은 전망

우리나라는 유품정리업이 공식적인 직업으로 등재되지 않은 상태에서 대부분의 업체가 청소업이나 소독업, 폐기물처리업, 건물위생관리업 등 유사업종으로 등록하고 영업활동을 하고 있는 실정이다. 우리나라에도 공식적인 유품정리사 자격증 소지자가 늘어나고 유품정리업이 정식 직업으로 인정될 것을 기대한다.

일본의 상황에 비춰 본다면 우리나라도 10년 이내에 유품정리업이 정상적인 산업으로 자리매김할 것으로 생각한다. 포장이사의 사례를 들면 우리나라에 포장이사가 처음 등장했을 때만 해도 주인이 이삿짐을 직접 싸고 날랐다. 10년이 지난 지금은 원룸이나 오피스텔 같은 간단한 짐도 스스로 하는 경우는 찾아볼 수 없게 되었다.

유품정리사의 직업적 소양

은퇴자도 유품정리사가 될 수 있을까?

소중한 은퇴자의 경험

유품정리사는 가족의 돌봄 없이 사망한 사람들의 유품, 재산 등이 제대로 정리 및 처리되도록 돕는 일을 한다. 유품을 물리적으로 정리하는 일에서부터 고인의 유품이 꼭 필요한 상속자에게 돌아가도록 배려하는 일까지 고인의 입장에서 정리하는 일을 한다. 그런 면에서 사회경험이 많은 은퇴자는 고인의 마음을 헤아릴 줄 안다.

남의 눈치를 볼 일 없는 은퇴자

일의 시작은 의뢰 전화가 왔을 때 현장에 가서 견적을 내는 것부터 시작한다. 일부 가전제품이나 대형가구들을 이동하는 데에는 어느 정도 육체적인 노동이 필요하다. 특수청소 등은 강인한 정신력과 인내력이 필요하지만 보통 사람이라면 감당할 수 있는 일이다. 사회적

인식이 험한 직종으로 인식하기 때문에 남들이 어떻게 볼까 시선을 의식하기도 한다. 하지만 사회경험이 많은 은퇴자의 경우에는 오히려 남의 눈치 보지 않고 자신의 능력으로 봉사할 수 있는 직업이기도 하다.

은퇴자가 도전하기 좋은 직업

유품정리에 앞서서 현금, 유가증권 같은 귀중품은 민법상의 상속권자에게 전달하고, 가재도구와 가전제품은 판매 가능 여부나 유족들의 판단에 따라서 유가족이 가져가거나 중고물품으로 판매하거나 대형폐기물로 처리하게 된다. 물리적인 유품정리 업무는 병균, 악취를 제거하는 일부터 유품에 묻은 혈흔, 분비물, 악취 등 악성 폐기물 처리, 공기정화제 뿌리기, 깨끗한 유품 따로 정리하기 등 일련의 순서에 따라 진행한다. 이러한 일련의 작업은 고인의 가족이나 주변 사람들의 도움을 바탕으로 최대한 고인의 뜻을 헤아려 진행한다. 이러한 입장에서 고인의 뜻을 가장 잘 헤아릴 줄 아는 사람이 사회경험이 많은 은퇴자이다.

유품정리는 창업 아이템

우리나라에서는 유품정리사가 직접 유품정리를 하기도 하지만, 유품정리가 자리를 잡은 나라에서는 유품정리사는 유품정리를 기획만 하고, 실제 정리는 용역업체 직원이 하는 식으로 진행하기도 한다. 이러한 점에서 유족의 마음을 헤아릴 줄 알고, 이 분야에 대한 소신과 철학을 가진 은퇴세대 혹은 베이비부머세대가 도전하기에 적합한 영역이라고 할 수 있다.

유품정리사가 어려운 이유?

누군가 치워야 할 삶의 흔적

사람은 평온하고 깔끔하게 잠들기를 원하지만 고독사, 자살, 변사 현장 등은 평온하고 깔끔할 수가 없다. 일반적으로 고독사, 자살, 변사 등이 발생하면 1차적으로 경찰과 소방관, 과학수사대가 출동하여 신원확인과 사망의 원인을 규명하는 절차를 거치게 된다. 그 다음 2차적으로 장례지도사 등이 출동하여 시신을 수습하여 장사시설로 이송한다.

더구나 자연사라고 하더라도 고인이 떠나간 사망현장은 깔끔하지가 않다. 원래 사망현장의 사후처리는 유족이 하는 것이 원칙이다. 이러한 사망 후의 현장정리는 유족이 아니더라도 집주인, 이웃주민, 관리사무소, 자치단체 공무원 등 누군가는 반드시 처리해야 하는 업무이다.

아무나 할 수 없는 특수청소

고독사 현장에 남아있는 혈흔이나 체액, 체모 등 부패물은 시간이 갈수록 부패하면서 부패 냄새가 발생하고 해충이 서식하고, 위생적으로도 일반인의 접근을 어렵게 한다. 유족이나 친척들이 유품을 찾는다고 방 안의 물건을 끄집어내어 팽개치고 가면 집안은 온통 쓰레기집으로 변하고 발조차 들여놓기 어렵게 된다. 이러한 사망현장을 수습하고 정리하기 위한 현장의 오염물제거, 소독, 방역, 해충구제, 냄새제거 등을 하는 업무를 특수청소라고 한다.

가까운 유족들도 고독사 현장에 접근하는 것조차 쉽지 않다. 고독사 현장을 보는 것만으로도 스트레스를 받고 트라우마에 시달리게 된다. 경찰에서도 끔찍한 사망현장은 유족에게 보여주지도 않는다. 유족이 원거리에 있거나 불가피한 사정으로 현장정리를 미루고 있는 동안에도 시신에서 흘러나온 부패물과 음식물의 부패는 진행되고 구더기와 파리가 득실거리며 시취와 악취가 섞여서 보통 사람들은 사망현장에서 10분을 넘기기가 어렵다.

감사함과 보람을 느끼는 직업

이러한 사망현장을 언제까지나 방치할 수는 없다. 사망현장의 정리와 원상회복은 누군가는 해야만 할 일이다. 아무나 할 수 없고 누군가는 해야 할 일을 해내는 사람이 특수청소관리사이다. 고독사 현장에서 오염물질을 제거하고, 청소와 소독을 하고 원래 살던 주거로 원상회복시켜 주고 고독사한 사람이 살던 자리에 새로운 사람이 살 수 있도록 재탄생시키는 사람이 특수청소관리사이다. 어렵고 힘든 일, 아무나 할 수 없는 일을 처리하고 의뢰인으로부터 "감사하다. 수고하셨다"라는 진심 어린 감사를 받을 때, 특수청소관리사로서 보람을 느낄 수 있다.

유품정리사도 소양이 필요해?

법을 준수하는 준법 소양

고독사나 무연고사의 경우는 여러 가지 법률적·행정적 문제를 일괄적으로 처리해야 하는 경우가 많다. 특히 공영장례의 경우에는 무연고자이거나 연고자가 시신인수를 포기한 경우이기 때문에, 누구와 계약을 해야 할지 특정하기 어렵고, 유품의 처분을 누구에게 물어봐야 하는지도 모른다.

고인이 자택에서 사망한 경우에도 유품정리는 유품의 분류, 유품의 인도, 반출, 처분, 폐기하는 각 단계마다 적용되는 법적 근거와 행정 규제가 다르다. 유품정리사에게는 사후死後 재산의 처리 과정인 유품정리의 대행뿐만 아니라, 관련된 각 과정마다 필요한 법률·행정적인 전문지식을 갖추고 법을 준수하려는 준법 소양을 가져야 한다.

유품을 존중하는 심적 소양

유품정리사는 유품을 대할 때마다 하나의 물질로서만 보아서는 안 된다. 유품은 사망하기 직전까지도 고인의 생명을 유지하던 수단이었다. 예를 들어 냉장고 속의 음식물이나 부패된 음식을 대할 때에도 썩은 물건, 버려야 할 물건으로만 취급해서는 안 된다. 누구라도 음식물을 섭취하지 못하면 죽는다. 이 음식을 해놓고 먹지 못하고 돌아가신 고인의 입장에서 한 번쯤은 생각해 보아야 한다.

물질 풍요 시대라고는 하지만, 아무리 하찮은 물건이라도 며칠 전까지 고인이 먹고, 자고, 씻고, 고인의 마지막 삶을 지탱해 주던 소중한 물건들이었다. 유품정리사는 고인의 유품을 소중하게 생각하는 심적 소양을 가져야 한다.

사망현장 전문가적 소양

유품정리사는 단순히 고인의 사망 이후 남겨진 쓰레기를 처리하거나 청소 업무를 대행하는 사람이 아니다. 유품정리사의 업무는 한 사람의 죽음 이후에 발생하는 고인의 유품을 맡아서 정리·처분·양도·양수·기증하거나 청소, 소독, 방역, 리모델링 등 관련된 사무를 종합적으로 대행처리하는 것이다. 따라서 유품정리사는 다양한 법률적·행정적·일상적 문제를 수행할 수 있어야 하고 그러한 업무를 관련된 법률과 절차에 따라 적절하게 처리할 수 있어야 한다.

유품정리사는 유품의 종류나 처리 목적에 따라 폐기물관리법, 자원의 절약과 재활용 촉진에 관한 법률 등을 적용하거나 그에 관한 일정한 자격이 필요할 수 있다. 이러한 법률이나 절차를 무시하고 유품을 취급하게 되면 자칫 위법행위가 될 수도 있으므로 주의해야 한다.

유품정리는 단순히 '누군가를 돕는' 정도가 아니라 고인 또는 유가족의 요구를 만족시키되 법적 규제와 절차에 따라 처리하는 전문적인 사무라는 것을 기억해야 한다.

QUESTION

유품정리사도 직업윤리가 있어?

공익우선의 원칙

공익이란 공공성을 띤 이익, 혹은 사회구성원 전체에 대한 이익을 말한다. 유품정리는 개인의 죽음과 관련한 유품물건을 처리해 주는 단순한 사적 서비스가 아니다.

유품정리 서비스는 고독사, 자살, 독거노인 보호 등 사회복지적 요소가 있으므로 단순히 개인적·사익적 측면에서만 고려해서는 안 된다. 고인의 유품을 처리하는 경우만 보더라도 자원재활용, 공중위생, 환경보전과 같은 공익적 요소를 동반하고 있다. 유품정리는 서비스를 제공할 때 의뢰자의 권리나 욕구가 적법하다면 그 욕구를 침해하지 않는 범위 내에서 공익을 우선으로 사무를 수행해야 한다.

중립의 원칙

이 원칙은 서비스에 대한 유품정리 서비스의 선택권과 자율권 보장을 의미한다. 유품정리사가 자신의 가치나 신념, 종교에 따라서 서비스를 다르게 제공하거나 이를 거부해서는 안 된다는 원칙이다. 유가족의 종교와 자신의 종교가 다르다는 이유로 이를 터부시하거나 갈등을 야기하거나 서비스를 중단해서는 안 된다. 복수의 상속인 상호 간의 이해가 충돌하는 경우, 유족과 건물주 간의 이해가 충돌하는 경우에도 유품정리사는 중립적인 위치에서 업무를 처리해야 한다.

신의성실의 원칙

유품정리는 위임인유족과 수임인유품정리업자 사이에 고도의 신뢰성이 바탕이 되는 업무이다. 유가족은 고인의 유품 전체를 정확하게 파악하지 못하기 때문에 서비스제공자를 신뢰하지 않으면 서비스가 이뤄질 수 없다. 의뢰인이 유품정리의 과정을 일일이 확인하고 지켜볼 수도 없고, 그러한 경우는 극히 드문 사례이다. 유품정리사는 유품정리의 과정과 결과에서 신의성실의 원칙에 입각하여 투명하고 정직하게 업무를 처리하여야 한다.

유익의 원칙

유품정리가 개인뿐 아니라 사회에도 유익해야 한다는 의미이다. 이 원칙을 반대로 해석한 것이 무해의 원칙이다. 무해의 원칙은 유품정리가 타인이나 사회에 해를 끼쳐서는 안 된다는 원칙이다. 유품처리 과정에서 이웃에게 유해세균이나 악취, 위생상 유해한 물질을 퍼뜨린다거나, 폐기물을 임의로 취급·처분하여 환경상의 문제를 야기해서는 안 된다. 고의적인 경우는 물론이고 의도하지 않은 결과에도 책임을 져야 한다. 유품정리사가 전문성이 없다면 이 의무를 다하기 어려울 것이다.

제2편

유품정리학 개론

핫한 직업
유품정리사
특수청소관리사

제1절

유품의 정의

QUESTION

유품과 유류품의 차이점은?

유품

유품이라는 단어는 죽은 사람이 남긴 물건에 대해서만 사용한다. 유류품은 죽음과 상관없이 주인을 알 수 없는 물건이라는 의미도 있다.

사망하신 분의 주거 내에서 발견된 금품은 모두 사망하신 분의 것으로 추정되고 주인도 알 수 있기 때문에 유류품이 아니라 유품으로 보아야 한다. 다시 말해서 유품은 상속인이 분명한 재산이고, 유류품은 상속인이 분명하지 않는 재산으로 구별해도 큰 문제가 없을 것 같다.

유품정리 현장에 남겨진 유품은 분류를 거쳐서 상속인이 승계하는 보존유품과 처리를 위탁하는 처리유품으로 분류된다. 보존유품은 유품에 해당하지만, 상속을 포기하고 처리를 위탁한 처리유품은 유품

으로서의 용도는 폐지되고 처분의 대상이 된 특수한 물건으로 보아
야 한다.

유류품, 유류금품

주인의 생사에 관계없이 어떤 장소에 남겨진 물건을 유류품이라고
한다. 무연고자나 연고자를 알 수 없이 따로 살던 사람이 고독사나
자살한 경우, 또는 어떤 재해로 사망하여 주인을 알 수 없는 물건이
남아있는 경우가 유류품에 해당한다.

국가법령정보센터에서 법령의 조문제목을 기준으로 검색해 보면
유품, 유류품, 유류금품 등의 용어를 혼용하는 것을 볼 수 있다.

구분	규정 사례
유품	• 6·25 전사자 유해의 발굴 등에 관한 법률 제10조전사자 유해의 신원확인 및 유해·유품의 보존 등 • 울산광역시 동구 무연고자 등에 대한 공영장례 및 유품정리 지원 조례 등
유류품	• 선원법 제18조, 세월호 선체조사위원회 설치 및 운영에 관한 특별법 제5조, 여객자동차 운수사업법 제19조 등
유류금품	• 국민기초생활 보장법 제45조유류금품의 처분 • 장사 등에 관한 법률 제12조의2유류금품의 처분 • 형의 집행 및 수용자의 처우에 관한 법률 제28조유류금품의 처리

유류품 또는 유류금품의 처리 특례

유품정리에서도 유품의 경우에는 상속인이 있기 때문에 상속인의

지시를 따르면 되지만 고독사, 무연고 사망자, 재해현장의 유류품을 취급할 때에는 유류품의 상속인이 누구인지 모르기 때문에 관련 법규를 따라야 한다.

예를 들면 선박선원법 제18조, 세월호 선체조사위원회 설치 및 운영에 관한 특별법 제5조, 자동차여객자동차 운수사업법 제19조 등에서 사상자가 발생한 경우에 유류품처리에 관한 특례가 있다. 유류금품에 관한 예로서는 구금시설형의 집행 및 수용자의 처우에 관한 법률 제28조, 무연고자의 사망장사 등에 관한 법률 제12조의2 등에서 사망자가 발생한 경우에 유류금품의 처리에 관한 규정이 있다.

자력구제로서의 유류품처리

자력구제란 법률의 절차를 이용하지 아니하고 스스로의 손으로 권리를 회복시키는 것을 말하는데, 법치국가에서는 당연히 자력구제 금지의 원칙이 적용된다. 민법에서는 극히 예외적으로 점유자의 자력구제민법 제209조가 인정된다. 이 경우에 임대인으로서는 다른 임차인을 모집하기 위해서라도 임대주택의 간접점유자로서 점유회복을 하고 싶을 것이다. 예를 들어 임차인이 사망한 것이 확실한 경우 문을 열고 출입하는 등의 행위가 이에 해당된다.

임대주택의 임대인이 임차인의 유류품을 처분해야 하는 경우는 고독사, 자살뿐만 아니라 임차인이 실종되었을 때 발생한다. 하지만 임대주택의 소유자라고 해도 임차인의 방에 남겨진 유류금품을 마음대로 처분할 수는 없다.

임차인이 무연고자이고 상속인이 없는 경우에 밀린 임대료를 회수하기 위한 수단으로 유류금품을 처분할 수 있는가 하는 문제가 발생하는데, 이 경우에도 원칙적으로는 임대료청구소송을 제기해서 강제집행의 방법으로 실내유류품을 처분하는 수단을 취해야 한다. 임차인 부재중에 무단으로 출입해서 자력구제를 하는 것은 후일 손해배상을 당할 가능성도 있다.

QUESTION

유품정리산업은 어떻게 발전했나?

유품정리산업의 태동

일본에서는 2000년부터 요시다 타이치吉田太一가 '키퍼스'라는 회사를 창업하여 유품정리 서비스를 처음 시작했고, 2011년에는 키무라 에이지木村榮治가 북해도에 본부를 두고 '사단법인 유품정리사 인정협회'를 창설하여 유품정리사를 민간자격전문가로 배출하기 시작했다. 현재는 이들 유품정리사를 중심으로 많은 인력이 각 지역에서 창업 또는 취업하고 있다.

유품정리업체가 현 단위로 대형화되고 해외수출까지 하는 경우도 있다.

일본의 영향을 받은 유품정리산업

우리나라에서 유품정리 서비스가 시작된 것은 일본의 유품정리사 제도의 영향을 많이 받았다. 일본의 키퍼스사에서 활동하던 유품정리사 김석중 씨가 부산에서 'Keeper's Korea'를 설립하고 유품정리업을 시작한 이래 전국에서 수많은 유품정리업체가 등장하였다. 일부 업체에서는 저서를 출판, 매스컴 출연, 유튜브 채널 등을 통해 유품정리업을 세상에 알리고 있다. 대표적으로는 스위퍼스길해용, 바이오해저드김새별 등을 비롯하여 수많은 유품정리업체가 설립되어 경쟁하고 있다. 현재에는 매스컴의 영향을 받아서 유품정리 서비스를 모르는 사람이 없을 정도로 보편적인 서비스로 정착되어 가고 있다.

QUESTION

유품정리계약이 뭐야?

유품정리의 법적개념

우리나라에서 유품정리라는 법적개념은 존재하지 않는다. 국가법령정보센터를 검색해 보면 '유품정리'라는 용어가 들어간 법령은 찾아볼 수 없다. 다만, 자치법규인 지방자치단체의 조례에서는 울산광역시 동구 무연고자 등에 대한 공영장례 및 유품정리 지원 조례의 예를 찾아볼 수 있다.

또한 '유품'이라는 단어가 들어간 법령도 찾아볼 수 없다. 다만, 이를 조문제목으로 검색해 보면 6·25 전사자 유해의 발굴 등에 관한 법률제10조이 나온다. 또한 본문 중에 '유품'이 포함된 법령은 문학진흥법, 항공사업법 등 여러 개의 법령에서 '유품'이라는 단어를 쓰고 있다.

이와 같이 유품정리라는 법적개념은 아직까지 명확한 규정이 없지만, 일반적으로는 '유품정리'나 '유품정리사', '유품정리업'이라는 용어가 널리 사용되고 있다. 앞으로 유품정리업이 정착되려면 이에 따른 법정비가 필요할 것으로 보인다.

민법상의 전형계약

유품정리계약은 기본적으로 위임, 도급, 임치 등의 법적 성격을 띠고 있다.

위임계약이란 고인이나 유가족이 서비스제공자에게 유품정리에 관한 사무의 처리를 위탁하고, 서비스제공기관 또는 유품정리사가 이를 승낙함으로써 효력이 발생하는 형태이다민법 제680조. 도급계약이란 유품정리사가 유가족에게 의뢰받은 일을 완료할 것을 약정하고 유가족은 그 보수를 지급할 것을 약정함으로써 효력이 발생하는 것을 말한다민법 제664조. 임치계약이란 당사자 중 한쪽이 보관을 부탁한 사람의 금전, 유가증권, 물건 등을 보관해 주는 계약을 말한다민법 제693조.

위임, 도급, 임치가 혼합된 복합계약

유품정리를 의뢰를 받으면 먼저 유품을 분류하여 보존유품은 유족에게 인계하고, 처리유품은 유품정리사가 처리를 위임받아서 처분하거나 또는 소각하거나 폐기물로 처리하게 된다.

여기에서 유품을 분류하고 청소를 하는 일은 일의 완성을 목적으로 하는 도급계약의 성질을 갖고, 처리유품의 처리는 사무처리를 위탁하는 점에서 위임계약의 성질을 갖는다. 유품정리 중에 발견된 현금을 보관하거나 유가족의 요청으로 고인의 유품을 보관하는 경우에는 임치에 관한 규정이 적용된다.

이런 의미에서 유품정리계약에는 위임계약이나 도급계약, 임차계약의 성질이 혼재하고 있어 민법상의 전형계약 틀에는 들어가지 않는 복합계약의 성격을 갖는다.

QUESTION

유품정리계약은 누구와 해?

민법상의 상속인

유품은 피상속인무연고자의 사망시점에 이미 상속이 개시되고 이때부터 유품의 처분권은 상속권자에게 귀속된다. 상속인이 복수인 경우공동상속에는 유품은 공유가 되고 유산분할절차를 통해서 각 상속인에게 귀속된다. 유품의 경우에도 상속분이나 분할방법은 다른 유산과 동일하게 민법의 규정에 따라야 한다. 복수의 상속인이 있는 경우에는 특별한 이의가 없는 한, 장남, 배우자 등 상속인 중 1인이 상속집행자가 되어 계약을 하면 된다.

상속재산관리인

무연고자로서 상속인이 아예 없거나 설령 상속인이 있어도 먼 곳에 살고 있거나 상속을 포기한 경우이다. 이 경우에는 이해관계인채권자 또는 상속자격자의 청구에 따라서 가정법원이 재산관리인을 선임하도록 하고 있다. 이 경우에는 재산관리인을 대상으로 유품정리계약을 체결한다.

상속인 없는 재산의 처리

무연고자이거나 상속인이 상속을 포기한 경우에는 지방자치단체에서 공영장례로 처리하게 되는데, 무연고자의 장례절차와 유품정리비용을 지급하는 지자체가 있다. 이 경우에는 공영장례를 위탁받은 장례업체나 비영리단체를 계약당사자로 할 수밖에 없다. 그 밖에 사회복지사업법, 장애인복지법 등 5개 법률에 상속인 없는 재산의 처리에 관한 특례가 있다.

보존품 보관사례

그 어떤 사람도 유품정리를 할 사람이 없어서 임대인이나 공동주택 관리소에서 유품정리를 의뢰하는 경우가 있는데, 처리유품의 경우에는 이들과의 계약에 의해 유품을 폐기하고 청소를 하면 문제가 없다. 다만, 보존유품의 경우에는 유족에게 인계해야 하는데 인계받을 유족이 없는 경우 누구에게 인계해야 하는지 복잡한 문제가 있다. 실무적으로는 보존유품을 일정 기간 동안예: 공영장례에서 유골을 보관하는 기간 유품정리업자가 따로 보관하면서 혹시라도 있을 유족상속권자의 연락을 기다리는 사례도 있다.

제2절

유품정리 관계자

QUESTION

유품정리 대상은 뭐야?

상속권자

유품의 상속 및 관리에 관해서는 기본적으로 상속에 관한 일반법인 민법의 상속편이 적용된다. "상속인은 상속이 개시된 때에 피상속인의 재산에 관한 포괄적인 권리의무를 승계한다"라는 민법 제1005조상속과 포괄적 권리의무의 승계의 규정에 따라서 피상속인의 사망과 동시에 모든 재산에 관한 권리가 상속인에게 포괄적으로 이전한다. 그러나 인격권과 같이 피상속인의 일신—身에 전속專屬하는 권리는 상속되지 않는다고 보아야 한다민법 제1005조 단서.

유품정리의 대상

유품은 점유에 의해서 소유권이 공시되는 동산이다. 유품은 "점유권은 상속인에 이전한다"라는 민법 제193조상속으로 인한 점유권의 이전의 규정과 "상속은 사망으로 인하여 개시된다"라는 민법 제997조_{상속개} _{시의 원인}에 따라서 피상속인의 사망과 동시에 상속인의 점유로 이전 된다. 점유권이 이전된 모든 유품은 포괄적으로 상속인의 소유에 속 하고 이의 처분권도 역시 상속인의 권한에 속하게 되기 때문에, 유품 정리의 대상도 역시 상속인의 권한에 속하게 된다. 유품정리의 대상 은 유품의 처분권을 가진 상속인의 권한 내에서 처리를 의뢰받은 유 품으로 한정된다.

당연히 주택, 상가 등 부동산은 유품정리의 대상이 아니고 자동차, 오토바이, 선박 등의 의제부동산은 등기, 등록에 의해 공시되기 때문 에 유품정리의 대상에서 제외된다.

또한, 고인이 사용하던 SNS 계정, 각종 데이터와 같은 디지털 유 산, 저작권과 같은 무형의 재산권은 민법상 상속규정이나 특별규정 이 있기 때문에 유품정리의 대상이 되기는 어렵다고 본다.

QUESTION

유품정리 상대방은 누구야?

유족_{상속권자}

유품정리계약의 당사자는 압도적으로 유족_{상속권자}인 경우가 많다. 왜냐하면 궁극적으로 유품정리의 대상은 유품이고 유품의 처분은 상 속권자의 권한에 속하기 때문이다. 누가 유품의 상속권자인지를 확인하기 위해서 가족관계증명서 등으로 확인할 수도 있겠지만 굳이 상속권자의 신분을 확인해야 할 의무는 없다.

유품정리의 대상은 토지, 건물 등 부동산이나 예금, 보험금 등 채권을 제외한 동산유품에 한정된다. 동산유품은 비교적 재산 가치가 적고, 어떤 유품이 있는지 직접 눈으로 확인할 수 있기 때문이다. 유품정리를 맡기기 전에 이미 상속인들 간에 유품의 처리에 관한 합의가 있는 경우가 대부분이다.

집주인에게 승낙받아 출입문 열쇠를 가지고 문을 열어주는 등의 행위로부터 유품의 처분권한을 추측할 수도 있다. 다만, 상속인들 간에 유품의 소유권에 다툼이 있다고 의심되는 경우에는 진정한 상속권자인지를 확인할 필요가 있다.

공공임대주택LH공사, SH공사, GH공사 등

공공임대주택에서 고독사나 자살현장이 발생한 경우에는 유족이 의뢰하는 경우와 관리사무소에서 의뢰하는 경우로 나뉜다. 유족이 직접 의뢰하는 경우에는 유품의 처리는 유족의 지시에 따르면 된다. 다만, 청소를 비롯한 임대주택의 반환에 관한 사항은 임대주택 관리사무소의 지시를 따라야 한다.

문제는 유족이 없거나 연락이 안 되어서 공공임대주택관리사무소에서 직접 유품정리를 의뢰한 경우이다. 이 경우는 임차인의 사망으로 임대차계약은 만료되고 임대인이 간접점유자의 권리로 임대 목적물에 대한 점유회복을 하는 것으로 파악해야 한다. 다만, 이 경우에도 건물의 명도와 관계없는 유품에 대한 처분권은 없다는 점을 감안해야 한다. 이 경우에는 법률적으로 대단히 복잡한 문제이기 때문에 상세하게 설명하기 어렵지만, 아주 고가의 물건이 없고 유족의 의사도 확인할 수 없다면 의뢰인인 공공임대주택_{관리사무소}의 처분에 따르면 될 것이다.

이 경우에 유품정리 비용은 유족에게 반환할 임대보증금에서 환급 충당하는 경우가 대부분이다. 임대보증금 반환 과정에서 유품의 처분과 정리 비용까지 정산할 것이기 때문에 유품처리를 포함한 모든 것은 관리사무소의 지시에 따르면 된다.

임대인_{건물주, 부동산 등}

고독사 등 특수청소가 필요한 유품정리는 여러 곳에서 의뢰되는 경우가 있다. 임대인_{집주인, 임대주택관리회사, 부동산 등}은 사망현장인 주거를 정리하고 새로운 사람에게 재임대할 수 있는 상태로 주거를 원상회복하는 것이 목적이다. 임차인이 사망하면 유족에게 연락해서 유품을 정리하고 방실房室을 비워야 하는데, 유족과 연락이 안 되거나 유족이 있어도 상속을 포기하고 나 몰라라 하는 경우에 제일 난감한 사람이 임대인이다.

임대차계약에서 임대인은 임대목적물_{주거}의 간접점유자에 해당한다. 임대인은 간접점유자의 권리로서 임대목적물의 점유회복을 위해서는 방실 내의 물건들을 제거할 수 있다. 하지만, 경제적 가치가 크고 분쟁의 소지가 있는 유품들은 따로 보관해서 후일의 분쟁에 대비할 필요도 있다. 유품정리사가 양 당사자 간의 법률분쟁에 휘말릴 필요는 없다. 이 경우에도 공공임대주택의 유품정리에 준해서 처리하면 될 것이다.

경찰관서

살인사건과 같은 강력범죄 사건이 발생하면 그 지역을 관할하는 경찰서청문감사실에서 유품정리업체에 연락이 오는 경우가 있다. 의뢰내용은 사건현장을 보존하면서 혈흔제거와 같은 특수청소에 관한 것으로 일단은 참혹한 사건현장을 긴급하게 정리해 주기를 요청한다. 일반인의 접근이 금지된 상태에서 우선 최소한의 참혹한 현장만 치워주고 퇴장한다.

그 후 수사가 종결되고 현장출입과 유품의 반출이 허락되면, 그때 비로소 유족 또는 경찰관서로부터 유품정리를 의뢰받게 된다. 유족이 없는 경우는 경찰관서에서 유품정리 비용을 부담하는 경우도 있다. 유족이 있는 경우에는 유족들이 먼저 보존유품을 정리하고 나머지 물품들을 폐기처리하는 경우가 많다. 유품정리는 대부분 혈흔으로 오염된 물건들과 폐기대상 물건들을 폐기하는 업무로 보면 된다.

유품정리를 마치면 수사현장이 사라지기 때문에, 유품정리를 마친 이후에 혹시라도 추가로 채증이 필요한 경우에 대비할 필요가 있다. 따라서 강력범죄 현장의 경우에는 증거가 될 만한 사진촬영을 해두고 이를 보존할 필요가 있다.

자살예방센터

자살현장의 경우에는 자살예방센터에서 연락이 오기도 한다. 자살예방센터에서는 자살방지도 하지만 유가족의 트라우마를 치료하는 역할도 한다. 자살현장에 유가족이 직접 진입해서 유품을 정리하는 것은 굉장히 어렵고 트라우마로 남을 가능성이 있다. 이 경우에 유족이 유품정리를 하면 자살예방센터에서 일정액을 지원하기도 한다. 가끔 유가족으로부터 유품정리 의뢰를 받는 경우도 있지만, 이 경우에도 자살현장으로 확인되면 자살예방센터에 유품정리를 신청해서 도움을 받을 수 있도록 안내한다.

군부대

군부대 내에서 사고가 났을 때도 유품정리 의뢰가 오는 경우가 있다. 군부대 자체가 보안시설이기 때문에, 유품의 정리는 군부대의 규정에 따라서 자체 처리하는 경우가 많다. 유품정리업자는 군부대의 안내에 따라서 요청받은 부분에 대한 특수청소만 담당하게 된다.

행정복지센터

유족이 없거나 유족이 시신인수를 거부한 경우에는 무연고자로 처리하여 행정기관에서 공영장례로 처리하는 경우가 있다. 일부 지자체에서는 무연고자 등에 대한 공영장례 및 유품정리 지원조례울산광역시 동구와 같은 조례를 제정하고 유품정리까지 예산으로 지원하는 경우가 있다.

유족과 임대인의 입장이 달라?

자가自家인 경우

사망한 사람이 자가에서 사망하고, 살던 집을 유족이 상속받는 경우에는 임대주택의 임대인의 경우와 크게 다르지 않다. 이 경우에는 유품정리 후에 그 주택을 다른 사람이 살 수 있는 상태까지 완벽한 원상회복에 관심이 있다. 즉, 유품정리 후에 매매나 임대를 할 수 있는 상태를 만들어 주면 되기 때문이다.

임대주택인 경우

사망한 사람이 임대주택에서 사망을 한 경우에는 유족의 입장과 임대인의 입장에 차이가 있다는 점을 유의해야 한다.

주거를 완벽하게 원상회복을 하려면 특수청소 중에서도 특히 냄새제거가 문제가 되는데, 이 경우 단순한 냄새제거제의 약품처리만으로는 완벽한 냄새제거가 되지 않는다.

냄새의 원인을 제거하기 위해서는 장판이나 바닥재를 들어내고, 벽지를 교체해야 하는 경우도 생긴다. 어느 수준까지 진행할 것인지에 대해서는 충분한 설명이 필요하다.

객관적인 대응과 임대인의 동의

임대주택의 경우에 유족은 최소한의 비용으로 유품정리를 마치고 임대보증금을 돌려받는 것에 관심이 있고 임대인의 입장에서는 비용이 들더라도 재임대하는 수준까지의 유품정리를 원하는데 이 경우에 유품정리사는 객관적인 대응이 필요하다.

다만, 유족으로부터 유품정리 의뢰를 받은 경우라도, 방실의 청소와 위생상태의 최종점검은 임대인의 확인을 받을 필요가 있다.

QUESTION

상속인 없는 유품은 어떻게 해?

고독사의 경우

먼저 자연사를 제외한 변사사건이 발생한 경우 경찰관서의 신원확인이 이루어진다. 다음은 행정기관으로부터 사망한 자의 유족을 찾아내는데, 유족으로 확인되어 연락받은 사람은 고인의 시신이나 유류품을 인수상속할 것인지를 선택한다.

시신인수는 의무가 아니기 때문에 생전에 돌아가신 분과 소원해졌을 경우에는 상속포기를 하고 시신을 인수하지 않는 경우도 있다. 시신과 유품의 상속을 포기하는 경우에는 시신을 화장하고 돌아가신 분의 집에 남겨진 유품을 제3자가 처리해야 한다.

만약 부채가 많은 경우는 유족이 그 부채를 인수해야 하기 때문에 유족은 상속포기를 할 수 있다. 이 경우에는 유족은 유품에 함부로 손을 대서는 안 된다. 만일 재산상속과 시신인수를 포기하면 해당 지방자치단체의 공영장례로 처리하게 된다. 인수를 거부한 시신은 지자체에 의해 화장이 이루어지고 유골은 무연묘에 안장된다.

유족의 유품처리

유품 중에서 유서나 예금통장 등 중요한 서류가 포함되지 않았는지 확인한 후 처분한다. 특히 거주하던 주택이 임대주택인 경우에는 임대인은 임대장소에 남겨진 잔류물의 철거를 요청하는 경우가 많기 때문에 조속한 대처가 필요하다. 집 열쇠나 신용카드 등 신원확인이 가능한 서류나 귀중품 등은 유족에게 인수되는 경우가 대부분이다. 그러나 부동산 권리증이나 보험증서 등은 별도의 상속절차를 거쳐서 상속인에게 이전된다. 상속에 필요한 유류품을 빠짐없이 찾기 위해서는 정확한 유품정리사가 있는 믿을 만한 유품정리업자에게 의뢰하는 것이 좋다.

긴급피난으로서 유류품처리

고독사 현장 등의 경우에는 현금이나 귀중품 등을 도난당할 위험도 있고, 사망현장의 부패물 처리와 부패하기 쉬운 음식물 등 잔여물의 처리에 대해서도 시급히 대처해야 한다. 고독사 현장의 상황에 따라서는 음식이 부패하거나 쓰레기가 쌓여 있는 등 일반인은 출입이 어려운 상황이 될 수 있다.

고독사 유품정리 시에는 유통기한이 지난 식재료와 음식물 등에서 악취를 풍기고 있으며 부패도 진행되고 있기 때문에 긴급하게 처리해야 할 필요가 있다. 유족이나 임대인이 출입문을 열고 들어가는 행위와 부패물의 처리 등은 긴급피난으로 볼 수도 있겠으나 유류금품의 처분권은 없다는 것을 명심해야 한다.

귀중품 등 유품의 수색을 위해서는 자격을 가진 유품정리업체에 의뢰하여 대신 유품탐색을 의뢰하면 체력을 낭비하지 않고 귀중품을 찾을 수 있을 뿐만 아니라 수색 중 필요한 다른 작업이나 절차를 진행할 수 있다. 또한 돌아가신 분에게 경의를 표하면서 신중하게 유류품의 처분을 진행하고 싶다면 전문가의 손을 빌리는 것도 하나의 방법이다.

QUESTION

유품정리 악덕업자도 있어?

악덕업자의 존재

유품정리의 경험이 없고 혼란스러운 유족의 약점을 이용하는 악덕업자가 없다고 할 수는 없다. 유품정리 관련 법령이 정비되지 않은 틈을 타서 얼마든지 불법행위를 하는 악덕업자가 존재한다. 이러한 불법행위가 자행되고 있는 것은 유족보호와 사후복지의 관점에서 바로잡아야 한다. 또한 업계의 정비차원에서도 악덕업자의 존재는 바로잡아야 한다. 악덕업자를 가려내고 유품정리업을 정착시키기 위해서는 법규제의 정비도 중요하지만 업계의 자율규제도 중요하다.

고액청구의 사례

사망현장의 뒤처리는 아무나 할 수 없고 직접 경험해 보지 않으면 금액도 시세도 알 수 없다. 그러한 약점을 악용하여 터무니없는 고액을 청구하는 악덕업자도 존재한다. 특히 고인의 사망에서부터 봉안을 마치기까지는 각 단계마다 절차에 관여하는 사람이 있는데, 다급한 마음에 이들로부터 유품정리를 소개받는다면 자기도 모르는 사이에 소개료가 추가되거나 악덕업자를 소개받는 경우도 있다. 가급적 직접 적법한 업체를 찾아서 복수의 견적을 받아보는 것도 좋다.

꼭 필요한 상세견적

유품정리업자가 고액청구를 하는 경우는 상세견적 없이 총액으로만 결정하는 경우이다. 유족이 먼 곳에 살고 있거나 직업상 바쁘고 시간이 없어서 유품정리 현장에 입회하지 못하는 경우가 있다. 이때 유족들은 어떤 유품이 어디에 얼마나 있는지 모르는 상태에서 유품정리업자의 말만 듣고 결정하는 경우가 있다.

상황이 이렇다 보니 유품의 처리는 전적으로 유품정리업자를 믿고 일임하는 조건으로 의뢰를 하게 된다. 유품정리업자는 폐기하는 유품 중에서 처분할 만한 물건을 찾아내어 이를 유품정리 비용에 충당하기도 하는데 유품정리업자는 유품을 처분한 가격이 어느 정도인지는 알려주지 않는다.

폐기물 불법처리

더 심각한 것은 폐기물을 적법하게 처리하지 않는 경우이다. 유품 정리 비용 중에는 결코 적지 않은 금액이 폐기물처리 비용으로 책정된다. 재활용품 매각이나 폐기물처리에 전문성이 없는 업체에게 일을 맡기는 경우 공중위생법, 폐기물처리법을 위반하여 불법투기를 하거나 반려동물의 불법투기를 자행하게 되는 위험을 감수해야 한다.

제3절

유품정리업의 특징

QUESTION

특수한 유품정리는 어떤 것이 있어?

특수청소가 필수적인 사망현장

특히 고독사 현장의 경우에는 사망자의 유체遺體에서 흘러나온 혈액과 부패액이 엉겨 붙어있고, 시신이 있던 자리는 시취시체에서 나는 냄새가 코를 찌르고, 구더기가 꿈틀거리고, 파리가 날아다니고, 냉장고의 음식은 부패되고, 집 안에는 온통 쓰레기가 뒹굴고 있다. 비록 유족이라고 할지라도 현장에 오래 머물기는 힘들다.

유품정리는 특수청소가 수반되는 사망현장의 특수성 때문에 의뢰를 받는 경우가 대부분이다. 유품정리사는 사망현장의 소독과 방역을 하고, 폐기물을 처리하고 새로운 사람이 살 수 있는 주거공간으로 재탄생시켜 주는 일을 한다. 유품정리사는 열악한 작업환경에서도 전문직업인으로서의 사명감으로 어려운 작업환경을 극복하고 묵묵히 맡은 바 임무를 다하고 있다.

특수청소가 필요 없는 생전정리

유품정리 현장에는 특수청소가 필요 없는 경우도 있다. 예를 들어 해외이민이나 요양원입소 등으로 장기간 집을 사용하지 않게 되어 사용하던 물품들을 정리하는 경우이다. 또한, 나이가 들어서 거주하던 집에서 사용하던 물건들을 노후생활에 편리하도록 정리하는 경우이다. 이 경우를 생전정리라고 하는데 일본에서는 유품정리 중에서 생전정리가 상당 부분을 차지하고 있다. 생전정리에도 기본적인 청소나 소독은 수반되지만 혈흔제거, 악취제거와 같은 특수청소는 포함되지 않는다.

특수청소가 수반되는 유품정리

유품정리 현장에는 고독사 현장, 자살현장, 쓰레기 주택장기간 비워둔 집 등의 특수한 현장이 많고 실내에 시취시신의 냄새, 분비물의 부패취, 해충의 발생, 쓰레기 냄새가 어우러져서 출입조차 힘든 경우가 많다. 이러한 경우에는 특수청소가 필수이다.

제3자의 유품정리

유품정리는 기본적으로는 유족이 해야 한다. 유족이 없는 경우에는 임대인이나 이웃사람 또는 행정기관에서 처리할 수밖에 없다. 유족이 있다고 하여도 고인과의 관계에 따라서 일반적인 정신상태로는 스스로 현장정리를 하는 것은 매우 어려운 일이다. 유족 스스로, 또는 가족이 없는 경우의 임대인이나 행정 담당자는 결국 유품정리업체를 찾아서 유품정리를 맡기게 된다.

빈집처리와 유품정리

2015년에 빈집 등 대책 추진에 관한 특별조치법이 제정된 이후 빈집 문제가 사회 문제로 대두되고 있다. 빈집을 정리해서 재활용하기 위해서는 유품정리와 특수청소가 필수적이다. 빈집은 오랫동안 사용하지 않고 방치한 상태이기 때문에 이상한 냄새의 원인이 되는 습기, 곰팡이류, 동물이나 벌레의 대량 발생 등으로 특수청소를 실시하지 않으면 사람이 거주하기 어렵기 때문이다.

빈집 대책이 실시되면 '특수청소' 수요도 증가하고 전국적으로 특수청소를 대응할 인력이 부족하다. 특수청소는 어렵고 힘든 일이기는 하지만 고소득을 기대할 수 있는 직업이기도 하다. 사명감을 가지고 도전해 보고 싶으신 분은 특수청소 전문자격증을 취득하길 권장한다.

제4절

유품정리업의 발전

QUESTION

유품정리업은 어때?

공인제도 없는 유품정리업

사망현장은 언제나 발생하기 마련이고 누군가는 유품정리를 해왔다. 유족이 직접 하거나 누군가가 유품정리를 대신해 왔다. 하지만 우리나라에 공인된 유품정리제도가 없으니 누가 유품정리 전문가인지 알 수가 없다. 이 틈을 타서 유사업종인 청소업, 소독업, 폐기물처리업, 철거업자 등이 유품정리에 나서고 있는 실정이다.

공인된 유품정리 전문업체가 없다보니 유품정리 업무를 맡겨 놓고도 혹시 금품이나 유품을 빼돌리지는 않을까 의심하기도 한다. 만일의 경우 유품을 분실하거나 훼손하더라도 손해배상이나 책임을 추궁할 수도 없다. 정식으로 자격을 갖추고 책임을 지는 전문자격이 필요한 이유이다.

전문지식이 필요한 유품정리사 제도

특수청소를 하기 위해서는 먼저 위해危害현장으로부터 자신의 몸을 지키기 위한 지식이 필요하다. 또한 유해현장에 대한 대응방법과 스킬을 몸에 익혀야 한다. 유해한 현장이기 때문에 청소와 탈취·소독작업에 전문적인 지식이 필요하고, 아울러 유족의 슬픔과 고통을 위로할 수 있는 자세도 필요하다.

유품정리를 아무나 할 수 있다면 유품정리사는 필요 없다. 아무나 할 수 없는 일, 누군가는 해야 하는 어려운 일에, 기꺼이 나서서 유족을 대신해 유품정리와 특수청소를 완료하고, 유족을 비롯한 여러 사람으로부터 진정한 감사인사를 받을 때 유품정리사로서 보람을 느끼게 된다.

QUESTION

유품정리사 자격증도 있어?

한국엔딩협회의 민간자격증

유품정리사는 소중한 유품을 다루는 고도의 직업의식이 요구되지만, 아직까지 국가에서 인정한 공인자격제도는 없다. 자격기본법 제17조에 근거한 민간자격으로는 한국엔딩협회의 유품정리사가 최초의 민간자격증이다.

한국에서 활동하는 유품정리사들은 대부분 일본 등 외국에서 유품정리사 자격을 취득했거나 유품정리업체에서 근무한 경험을 바탕으로 개업을 한 경우이다.

유품정리사를 준비해야 할 사람

① 청소업종 종사자, 앞으로 청소 업무에 종사하고 싶은 사람

② 청소업 분야에서 새롭게 특수청소업을 추가하고 싶은 사람

③ 장례업, 장례지도업, 유품정리업 등 관련 직종에 종사하는 사람

④ 유품정리에 관심이 있고 올바른 지식과 대응방법을 익히고 싶은 사람

⑤ 본인의 생전정리와 부모님의 집정리를 해보고 싶은 사람

유품정리사의 특수한 직업정신

유품정리사는 프로 직업으로서, 높은 도덕성과 직업윤리가 필요하다.

① 고인과 유족의 프라이버시 보호와 비밀유지

② 유품을 존중하고 소중히 다루는 마음가짐

③ 유족에 대한 위로와 마음회복, 사후 서비스정신

④ 유품정리사의 2차 감염 예방, 완벽한 위생환경 복원

⑤ 준법정신과 신의성실에 입각한 업무처리

QUESTION

유품정리사의 기본 소양은 뭐야?

사명감은 필수

유품정리는 스스로 하고 싶지 않은 일 중의 하나이다. 하지만 누군가는 해야 할 일이고 꼭 해야만 할 일이다. 그러한 점에서 사회적으로 유품정리에 대한 기대가 높아지면서 유품정리의 수요는 폭발적으로 확산될 것이다.

하지만 유품정리 전문가가 되기 위해서는 전문가적인 지식도 필요하지만, 먼저 사명감이 있어야 한다. 유품정리사의 전문가적인 대응으로 유족들이 위로받고 돌아가신 고인의 존엄성도 지켜진다. 이 일은 긍지와 사명감이 없으면 할 수 없는 일이고 누군가는 꼭 해야 할 일이다.

적법한 업무처리

유품정리는 법에서 정한 바에 따라 적법하게 유품정리를 수행해야 한다는 인식이 매우 중요하다. 유품정리를 단순히 유품을 폐기처분하고 청소를 하는 정도로 여기게 되면 관련된 법률이나 행정규제를 위반하게 될 수도 있다. 처리유품을 처리할 때에도 재활용품을 매각하거나, 유품을 소각하거나, 폐기물을 처리할 때에도 수많은 행정법규를 숙지하고 적법하게 처리해야만 한다.

유품정리 과정에서 관련 법규 및 절차를 위반하거나 유가족에게 손해를 끼칠 수도 있기 때문에 위험요소가 있을 때는 미리 그 사실을 고지하고 적법하게 사무를 진행해야 한다.

유족의 입장을 최우선

업무의 모든 과정에서 유족의 의사와 입장을 고려하여 결정하려는 자세가 필요하다. 유품을 정리할 때 유가족이 전혀 예상치 못한 귀중품이나 금전, 통장 등이 발견될 수도 있고, 고인이 가족에게 쓴 편지 등이 있을 수 있다. 유품정리 과정에서 조금이라도 불명확하거나 의심되는 사항이 있다면 반드시 유가족, 특히 법적인 권리가 있는 사람에게 설명하고 확인을 받은 후에 진행해야 한다.

최종판단은 유족에게

유품의 최종적인 처분권한은 유족_{상속인}이지, 유품정리사가 아니라는 점을 명심해야 한다. 대부분의 유가족들은 특정한 몇 가지를 제외하고는 유품정리사에게 전 과정을 일임하는 경우가 많다. 유품의 분류과정에서 상황에 따른 결정을 위임하게 되는데, 이때 유품정리사는 '내가 판단한 대로 처리하면 되겠지' 하고 생각하기 쉽다.

유품에 대한 유가족의 판단과 서비스 담당자의 생각이 다를 때가 많고, 유가족이 전적으로 판단을 맡겼다 해도 본인 마음대로 결정해도 된다는 생각은 버려야 한다. 설사 유품정리사가 자신의 판단으로 임의 처리한 경우에도 반드시 사후에 유가족의 승인을 받아두도록 한다.

선관주의의무

유품정리사는 선관주의의무선량한 관리자의 주의의무를 지게 된다. 선관주의의무란 민법의 위임규정 등에 명시되어 있는 것으로 직업이나 사회적 지위에 따라 일반적·객관적으로 요구되는 정도의 주의의무이다. 예를 들어 일정 비용을 받고 도자기를 보관하고 있는 골동품 보관업자는 자기 자신의 도자기와 동일한 수준의 주의의무를 지게 된다. 유품정리사 역시 자기 자신의 물건을 다루는 것과 동일한 수준의 주의의무를 지게 된다.

QUESTION

특수청소관리사도 있어?

특수청소를 통해 돋보이는 유품정리사

유품정리는 유품의 분류에서 출발하지만 특수청소를 통해서 돋보인다. 특수청소업이란 전문청소업의 한 형태로서 특수청소업자를 필요로 하는 현장은 고독사나 자살, 사고사 등으로 사망한 '사건현장'이나 '쓰레기집'이 주를 이룬다. 특히 장기간 방치된 시신이나 가정 쓰레기가 있을 경우에는 실내에 이상한 냄새를 풍겨 출입이 어렵고 힘든 현장으로 변해 버린다.

그러한 사망현장을 먼 친척, 임대인, 때로는 이웃 사람이 처리할 때도 있다. 친척분의 사망소식을 듣고 어쩔 줄 모르는 상태에서 특수청소까지 하는 것은 매우 어려운 일이다. 일반인들은 도저히 접근하기 어렵다고 생각하는 장소가 특수청소업자가 일하는 현장이다.

특수청소는 누군가 하지 않으면 안 되는 일이고, 누구나 할 수 있는 일도 아닌 일을 전문가로서 자신이 책임지고 해냄으로써, 한 사람의 인간으로서도 성장할 수 있고 유족들로부터 고맙다는 인사를 들을 수 있는 것이다. 특수청소를 통해서 유족의 고통과 슬픔을 조금이라도 덜어낼 수 있다면 특수청소는 돋보이는 직업이다.

자신의 몸을 우선하는 특수청소관리사

특수청소에 따른 업무를 수행할 때는 고인이 사망하게 된 경위와 어떤 질병을 앓고 있었는지 여부를 조사하는 것이 필요하다. 필요한 정보를 알면 감염병 예방도 되고 자신의 몸을 지키는 일로 이어진다. 또한 약품의 효능·효과에 관한 지식이 있으면 보다 효율적인 작업을 진행할 수 있다. 이러한 지식을 통해서 자신의 몸을 지키면서 업무를 진행하는 것이 무엇보다 중요한 일이다.

제5절

유품정리의 흐름

QUESTION

유품정리의 3단계는 어때?

유품정리의 3단계

구체적인 유품정리 업무는 어떤 흐름으로 진행될까? 유품정리의
착수에서 종료하기까지의 단계를 크게 나누어서 순서대로 살펴보면
아래의 3단계로 나누어 볼 수 있다.

작업 전 단계		작업 단계		작업 후 단계
의뢰, 상담, 견적, 계약, 업체수배, 사전준비	⇒	유품인도, 분류, 포장, 반출, 폐기, 청소 및 소독	⇒	그리프케어, 정산, 폐기, 보관, 소각, 사후 서비스

작업 전 단계의 업무흐름은 어때?

작업 전 단계의 업무흐름
① 상담접수 → ② 현장 상황 확인 → ③ 가견적의 산출 → ④ 견적내용 설명 및 협의 → ⑤ 최종견적 제출_{유품정리계약} → ⑥ 작업일정 확정_{관련 업체 수배}

작업 전 단계는 상담에서부터 계약과 작업일정 확정 전 단계이다.

• 유품정리의 대상과 범위를 파악하기 위한 의견을 청취한다. 의견청취는 직접 만나거나 전화 또는 인터넷을 통한 의뢰자의 요청사항을 청취한다.

• 상담을 접수하면 상담일지에 성명, 연락처, 관계, 현장주소, 개략적인 가격 등 상담내용을 상담일지에 기재하고, 현장 방문 또는 견적일정을 상담한다.

• 직원이 현장을 방문하여 현장 상황을 확인한다. 이때 직접 방문하지 않고 유족이 구두로 설명하거나 사진으로 대체하기도 한다.

• 견적을 위해 방문하면, 먼저 위로의 말씀을 전하고 어려움이나 희망 등을 말씀해 주시면 상담내용에 맞는 플랜을 제안해 드리겠다고 양해를 구한다.

• 현장의 사진을 빠짐없이 촬영하여 견적에 참고하고 후일 유품의 분실 등에 대비하도록 한다. 현장 상황을 파악하고 유품정리에서 제외할 물품, 차량접근의 난이도, 유품반출의 난이도, 유품의 분량, 작업인원 등을 감안하여 가견적을 산출한다.

• 가견적을 유족에게 제시하고 상대방과 견적내용을 조율한다. 궁금한 점이 있으면 상세하게 납득하도록 설명한다.

- 상대방과 금액과 일정에 관한 합의가 되면, 이를 반영하여 최종견적서를 제출함으로써 유품정리계약이 성립한다. 합의에 이르지 못하면 계약은 불성립한다.
- 계약이 성립되면 유족을 위로하고 작업 당일 출입문 개방, 현장입회여부, 긴급연락처를 재확인하고 현장에서 철수한다.
- 회사에 귀임 후 작업일정표에 따라서 운송차량, 작업인부, 사다리차 수배 등 사전준비를 한다.

QUESTION

작업 단계의 업무흐름은 어때?

작업 단계의 업무흐름
① 작업도구 준비 → ② 현장도착 및 1차 위생처리 → ③ 유품의 분류 → ④ 보존품 인계 → ⑤ 포장 및 반출 → ⑥ 2차 특수청소오염제거, 살균 제충, 제취 → ⑦ 퇴실 전 현장확인 → ⑧ 유족위로 → ⑨ 사후정산 안내 → ⑩ 폐기물처리 및 현장철수

작업 단계는 작업 당일 현장에서의 작업절차이다.
- 작업인원과 작업도구를 갖추고 현장으로 출동한다.
- 현장에 도착하면 먼저 유족을 위로하고 유품의 주인인 고인에게 예를 갖춘다.
- 작업현장의 해충구제, 소독, 살균 등 1차 위생처리를 실시한다. 1차 위생

처리를 마치기 전에 창문을 개방하여 이웃에게 피해를 주지 않도록 주의
한다.

- 1차 위생처리를 마치면 환기를 시키고 유품분류를 시작한다. 현금, 귀중
품, 정서적 유품 등은 보존품_{유품}으로 분류하여 유족에게 인도하고 추가
로 수색할 유품이 있는지 재확인한다.

- 보존품_{유품} 인계를 마치면 처리대상_{물품} 중에서 재활용품, 폐기물, 쓰레기
등을 모두 처리품으로 분류하여 재활용 또는 폐기방법에 따라서 용도별
로 포장, 반출한다.

- 처리유품은 용도별로 포장하여 외부로 반출한다. 외부반출은 경우에 따
라서는 사다리차나 스카이워크를 부르거나, 관리실과 협조해서 엘리베이
터를 사용한다.

- 주거 내에 있는 유품이라도 유선방송 셋톱박스, 인터넷 공유기, 렌털 정
수기 등 렌털용품은 정리대상이 아니므로 반출하지 말고 현장에 보존해
야 한다.

- 가스레인지는 임의로 손대지 말고 전문기사가 잠금장치를 잠근 이후에
철거여부를 확인 후 철거 또는 원형보존한다. 에어컨 실외기의 제거 여부
는 의뢰인의 지시에 따라서 철거 또는 원형보존한다.

- 현장에 남아있는 혈흔 등 오염물의 제거, 해충의 구충, 냄새제거, 소독 등
2차 특수청소를 실시한다.

- 2차 특수청소를 끝낸 후에도 냄새가 배어있는 경우에는 장판을 걷어 내
거나 벽지를 제거할 수도 있다. 이 경우에는 추가 비용이 소요될 수도 있
으므로 의뢰인의 요구에 따라서 추가 작업을 한다.

- 작업 중에 추가로 발견된 보존유품이 있으면 유족에게 추가로 인계한다. 유족 또는 건물주에게 퇴실 전 현장확인을 받는다.
- 의뢰인의 최종확인이 끝나면 유족에게 위로의 말씀을 드리고 작업을 종료한다.
- 유품정리의 사후정리 서비스에 대해서 안내하고, 견적서의 계좌번호로 사후정산을 안내한다.
- 반출된 폐기물 중 현장에서 폐기할 수 있는 대형폐기물딱지, 생활폐기물쓰레기봉투, 재활용품투명비닐은 현장에서 처리하고 나머지 폐기물은 모두 차량에 적재해 현장에서 철수한다.

QUESTION

작업 후 단계의 업무흐름은 어때?

작업 후 단계
① 유품처리 → ② 사후 서비스 → ③ 유품보존 → ④ 폐기물처리

작업 후 단계는 유품정리가 종료된 이후에 생길 수 있는 상황에 대응하기 위한 절차이다.
- 그리프케어: 유족이 진정으로 슬픔을 느끼는 것은 유품정리를 마치고 고인의 흔적이 완전히 사라진 이후가 된다. 유족의 공허한 마음을 달래줄 수 있는 따뜻한 위로의 말씀이 필요하다.

- 비용정산: 유품정리 비용은 대부분 견적서에 적인 계좌번호로 이체하는 경우가 많다. 현금영수증이나 세금계산서 발행을 요청하는 경우 이에 응하도록 한다. 경우에 따라서는 당일에 유품정리 비용이 입금되지 않더라도 독촉하지 않도록 한다. 유품정리 비용을 지급하지 않는 경우는 거의 없다.
- 유품의 처리: 처리품으로 분류하여 가지고 온 물품 중에서 재사용이 가능한 물품 등은 좋은 뜻을 가진 곳아름다운 가게, 양로원, 요양원에 기증한다.
- 사후 서비스: 추가청소, 추가소독, 추가탈취, 하우스 클리닝, 인테리어 등
- 유품보존: 유품을 인도받을 유족이 없어서 유족에게 인도하지 못한 보존품의 경우는 일정 기간 보존했다가 유족 등이 나타나면 인도하도록 한다 비용이 발생하므로 일정 기간이 경과하면 폐기처리한다.
- 유품소각: 유품소각을 의뢰받은 경우 의뢰받은 날짜에 적법하게 소각처리하고 영상으로 촬영하여 의뢰인에게 보내주도록 한다.
- 폐기물처리: 폐기대상 물품에 대해서는 고물 등 용도에 따라서 처분하고, 최종폐기물은 인근의 폐기물처리장에서 혼합생활폐기물로 폐기처리한다. 폐기 비용은 톤당 단가로 계산된다.

제3편

특수유품의 이해

핫한 직업
유품정리사
특수청소관리사

제1절

특수유품의 처리

QUESTION

귀중품이 나오면 어떻게 해?

유족에게 즉시 알리기

골동품, 미술품, 귀금속, 수집품 등이 발견되었을 경우에는 이를 적절하게 처리하는 것이 중요하다. 특히, 이러한 물품은 감정가에 따라서 상당한 가치가 있을 수 있어 신중하게 접근해야 한다. 귀중품을 발견하면 즉시 유족_{또는 상속인}에게 알리고 확인을 요청해야 한다. 유족이 모르는 물품일 경우, 고인의 기록_{가계부, 인생노트, 인생박스, 서류 등}을 참고하여 정보를 확인한다.

먼저, 발견 즉시 "정리 중에 이런 골동품_{또는 미술품}이 나왔는데, 혹시 의미 있는 물건인지 확인해 보시겠어요?", "오래된 물건인데, 감정이 필요할 수도 있을 것 같아요", "보관해 두는 것이 좋을까요?"라고 일단 발견 사실을 즉시 알린다. 시간을 지체하면 혹시 모를 오해를 불러올 수도 있다.

귀중품의 상태 확인

발견된 귀중품의 목록이나 기록이 있는지 확인한다. 물품에 붙어 있는 고인의 메모, 서류, 영수증, 감정서 등이 있는지 확인한다. 오래된 보관함, 금고, 문서 파일 등에서 관련 자료가 나오는지 체크한다. 인생노트엔딩노트나 인생박스유품목록가 있는지 찾아보고 고인의 생전 관심사예: 수집 취미, 예술품 투자와 관련이 있는지 유족에게 문의한다.

유품을 사진으로 촬영하여 전문가 감정 전 기록을 보존한다. 만약 도난품이거나 문화재 등 법적 문제가 될 가능성이 있다면, 법률 전문가 또는 경찰에 문의한다.

전문가의 감정

유품정리사는 가치판단에 개입하지 말고 유족이 직접 판단할 수 있도록 하고, 가치판단은 전문가에게 맡기는 것이 안전하다. 골동품 감정이 필요한 경우에는 감정기관 또는 전문가에게 의뢰한다. 국내 주요 골동품 감정기관에는 한국자산관리공사KAMCO의 감정평가, 한국고미술협회, 박물관 또는 미술관 전문가, 경매회사서울옥션, K옥션 등, 온라인 감정 서비스를 활용하거나 골동품, 미술품 전문 감정업체에 사진을 보내 감정 요청한다. 해외 유명 감정기관은 대표적으로 Christie's, Sotheby's가 있다.

주의할 점은 감정을 받기 전에 물품에 함부로 손을 대어서 훼손하지 말아야 한다. 함부로 청소하거나 닦아내거나 손상시키지 않도록 하는 것이다. 감정가가 높은 경우에는 보험 가입을 고려한다.

처리방법은 유족이 결정

유족이 선택할 수 있는 처리방법에는 가족이 보관하거나 가보로 남길 경우 안전한 장소에 보관한다. 전문 경매에 출품하는 경우 고미술품 전문 경매서울옥션, K옥션를 이용하거나, 고인의 뜻에 따라서 박물관 또는 공공기관 기증도 가능하다.

판매 또는 유산으로 분배하는 경우 유족 간 합의 후, 판매하여 분배 가능하다. 골동품을 상속하거나 판매할 경우, 상속세 및 세금 관련 법규를 확인할 필요가 있다. 유족이 감정가를 신뢰하지 못하면 다른 감정가에게 재감정을 요청한다.

불법 또는 도난품의 가능성이 있는 경우

불법 또는 도난품으로 의심사례로는 물품의 출처를 알 수 있는 문서장부, 서류가 없는 경우, 문화재급 물품으로 보이나 기록이 없을 경우에는 도난 신고된 유물일 가능성이 있다.

처리방법은 국가유산청, 경찰, 감정기관에 문의하여 출처를 확인한다. 불법 소지 가능성이 있으면 즉시 신고한다. 고인이 오래전 해외에서 반입한 골동품은 국내법 및 국제법 위반 가능성이 있으며, 불법 취득한 문화재는 국가에 귀속될 수도 있다.

QUESTION

귀중품 발견 시 유족은 어떻게 해?

유족 간의 합의

유품은 단순한 물건이 아니라, 고인의 삶이 담긴 소중한 기록이다. 귀중품의 처리는 고인의 뜻을 존중하는 방식으로 처리되어야 한다. 귀중품을 신중하게 다루고 유족 간의 충분한 합의를 거쳐 처리하는 것이 가장 중요하다.

처리방향의 설정

무리하게 처분을 실행하지 말고 감정 후에 신중하게 결정한다. 유족 간 분쟁방지를 위해, 전문가 감정 후 공정하게 처리해야 한다. 유족 간에 귀중품 발견의 사실을 알리고 전문가 감정을 받아야 한다. 가치가 높은 경우, 판매/보관/기증 여부를 신중히 결정한다. 불법적 요소가 없는지 반드시 확인 후 처리해야 한다.

유품정리 전 재확인

다른 유족에게 충분한 설명 후 동의를 받았는가, 전문 감정을 받을 물품인지 확인했는가, 판매/상속/기증 등 처리방법을 다른 유족들과 논의했는가를 체크해야 한다.

QUESTION

상속인 없는 유품은 어떻게 해?

민법상 상속인 없는 재산의 처리

민법상 상속인 없는 재산의 처리는 민법 제1053조부터 제1059조까지의 규정에 따라서 처리해야 하는데 일반적인 절차를 보면, ① 상속재산관리인 선임→ ② 재산목록작성→ ③ 상속인 수색공고와 특별연고자에 대한 분여→ ④ 상속재산의 국가귀속의 절차로 처리된다.

하지만 민법의 규정에 따른 상속재산관리인을 선임하여 재산을 처리하기에는 처리절차가 복잡하고 처리 비용도 소요된다. 대한변호사협회의 조사에 따르면 그 기간도 평균 3년 3개월이 소요되는 것으로 나타났다. 재산상속에 따른 법률 문제는 변호사나 법무사의 영역이고 유품정리업자의 업무영역이 아니므로 유품정리사가 무연고자의 유품처리까지 관여할 필요는 없다.

사회복지시설 등의 유품처리 특례

2020.12.29.일 개정된 사회복지사업법, 장애인복지법, 노인복지법, 노숙인 등의 복지 및 자립지원에 관한 법률, 정신건강증진 및 정신질환자 복지서비스 지원에 관한 법률 등 5개 법률에서는 상속인 없이 사망한 사람의 "잔여재산이 500만원 이하인 경우에는 관할 시장·군수·구청장에게 잔여재산 목록을 작성하여 보고하는 것으로 그 재산의 처리를 갈음할 수 있다"라는 재산의 처리특례가 마련되었다.

이 법의 개정 이유를 보면 "사회복지시설 등에서 거주하다 사망한 무연고자의 유류금 처리는 「민법」상 절차를 준수하여야 하나, 시설 설치·운영자는 이해관계인 자격으로서 재산관리인 선임청구 자격이 있을 뿐 유류금품 처리 주체가 아닐 뿐만 아니라, 「민법」 규정 미인지 및 법률 지식 부족 등으로 무연고자의 유류금이 임의로 처리되는 사례가 있음. 이에 보조금 관련 법률 위반에 대한 결격사유를 보강하고, 사회복지시설의 무연고 사망자 유류금을 처리하는 절차를 명확하게 하여 현장의 혼란을 방지하려는 것"이라고 하고 있다.

해당법규	규정내용
사회복지사업법 제45조의2상속인 없는 재산의 처리 **제1항**	① 시설을 설치·운영하는 자는 그 시설에 입소 중인 사람이 사망하고 그 상속인의 존부가 분명하지 아니한 때에는 「민법」 제1053조부터 제1059조까지의 규정에 따라 사망한 사람의 재산을 처리한다. 다만, 사망한 사람의 잔여재산이 500만원 이하인 경우에는 관할 시장·군수·구청장에게 잔여재산 목록을 작성하여 보고하는 것으로 그 재산의 처리를 갈음할 수 있다.
장애인복지법 제60조의5상속인 없는 재산의 처리 **제1항**	① 장애인 거주시설 운영자는 그 시설에 입소 중인 사람이 사망하고 -(중략)-「사회복지사업법」 제45조의2제1항 단서에 따른 금액 이하인 경우에는-이하 동일
노인복지법 제48조 상속인 없는 재산의 처리	① 제32조에 따른 노인주거복지시설 또는 제34조에 따른 노인의료복지시설의 설치·운영자는 그 시설에 입소 중인 사람이 사망하고 -(중략)-「사회복지사업법」 제45조의2제1항 단서에 따른 금액 이하인 경우에는-이하동일

노숙인 등의 복지 및 자립지원에 관한 법률 제17조의2_{상속인 없는 재산의 처리}	① 제16조제1항에 따른 노숙인복지시설을 설치·운영하는 자는 그 시설에 입소 중인 사람이 사망하고-(중략)-「사회복지사업법」제45조의2제1항 단서에 따른 금액 이하인 경우에는-이하동일
정신건장증진 및 정신질환자 복지서비스 지원에 관한 법률 제81조의2_{상속인 없는 재산의 처리}	① 정신요양시설과 정신재활시설의 설치·운영자는 그 시설에 입소 중인 사람이 사망하고-(중략)-「사회복지사업법」제45조의2제1항 단서에 따른 금액 이하인 경우에는-이하동일

무연고 사망자의 유류금품의 처분

장사 등에 관한 법률 제12조의2_{유류금품의 처분}에서는 "시장 등은 제12조에 따라 무연고 시신 등을 처리한 때에는 사망자가 유류遺留한 금전 또는 유가증권으로 그 비용에 충당하고, 그 부족액은 유류물품의 매각대금으로 충당할 수 있다"라고 규정하고 있다.

이 규정의 취지는 같은 법 제12조_{무연고 시신 등의 처리} 규정에 따른 무연고 사망자에 대하여 시장·군수 등이 조례가 정하는 바에 따라서 매장하거나 화장한 경우, 즉 공영장례를 시행한 경우에만 적용되는 것으로 해석되고 모든 무연고 사망자에게 확대 적용하기에는 무리가 있어 보인다.

제2절

유품정리 특수현장

QUESTION

고독사와 자살현장은 어때?

고독사현장

고독사 예방 및 관리에 관한 법률에서는 "고독사"를 다음과 같이 정의한다제2조.

① 사망 전 가족, 친척 등 주변 사람들과 단절된 채 사회적 고립상태로 생활하던 사람이

② 사망 시 자살·병사 등으로 임종하는 것을 말한다.

과거에는 일정한 시간72시간이 흐른 뒤에 발견되는 죽음을 말했으나, 2023.6.13.자 법개정 시에 삭제되었다. 따라서 발견 시점에 관계없이 사회적 고립상태에서 사망하면 고독사에 해당한다. 일종의 무연고사와 유사한 개념이다. 고독사의 경우는 주변 사람들이 사망 사실을 모르고 수일이 경과한 다음에 발견되는 경우가 많기 때문에 시신의 훼손이 심하고 시취가 나는 경우가 많다. 따라서 일반인들의

접근이 어렵기 때문에 유품정리업체를 필요로 한다.

자살현장

자살은 2023년 기준 우리나라 사망원인 5위를 점하고 있을 정도로 많다. 특히 10~30대의 사망원인 1위가 고의적 자해_{자살}이다.

극단적 선택을 한 현장의 경우도 결국은 고독사 현장과 비슷하다. 대부분 약물복용, 유독가스 흡입, 끈을 이용한 죽음 등 다양하다. 특이사항은 자동차 내부에서 극단적인 선택을 하는 경우가 생각보다 많다.

세계보건기구WHO에서는 자살의 개념을 '자살행위로 인하여 죽음을 초래하는 경우', '죽음의 의도와 동기를 인식하면서 자신에게 손상을 입히는 행위', 즉 '치명적 결과를 초래하는 자해행위'라고 하였다. 이러한 자살은 스스로를 상하게 하려는 의도뿐만 아니라 실망, 절망, 분노 등의 복잡한 감정을 극단적으로 표현하거나 자신의 극단적인 정서를 전달하기 위한 방법으로 사용되기도 한다.

자살현장의 특수청소는 유족 이외에 각 시도의 자살예방센터에서 의뢰하는 경우도 많다. 자살현장은 주택뿐 아니라 산이나 강이 될 수도 있고 차량이 될 수도 있다. 자살현장에는 자살에 사용된 도구와 냄새가 그대로 있다. 자살현장에는 일반인들이 접근하는 데 공포감을 느끼기 때문에 유품정리는 결국 특수청소관리사의 손길을 기다리고 있다.

자살자의 유족에게는 현장의 특수청소 비용_{유품정리 제외}을 지원해

주는 제도가 있다. 각 시도의 자살예방센터와 연계하여 유족에게 자
살예방센터의 특수청소비 지원제도를 안내해 주는 것이 좋다.

QUESTION

사건사고현장은 어때?

강력사건현장

살인사건과 같은 강력사건현장의 경우에는 경찰관서나 군부대 같
은 수사기관에서 연락을 받는 경우가 많다. 대부분의 사건현장에는
폴리스라인이 쳐져 있고 누구도 접근을 금지하고 있다. 일단, 사건현
장의 혈흔 등 참혹한 부분만을 치워달라는 요청을 받는다.

강력사건현장의 청소 같은 경우에는 집안에 비산飛散되어 있는 그
런 혈흔의 제거와 파손되어 있는 물건의 폐기처리와 살균소독 등 위
생처리 작업이 대부분이고 보통 유품에 손을 대거나 정리하는 경우
는 거의 없다고 보면 된다. 강력사건현장은 시급하게 처리해 주어야
하기 때문에 유품정리까지는 할 수 없다. 일단 시급한 특수청소만 하
고 철수해야 한다.

나중에 사건이 종료되고 유품정리가 가능한 시기가 되면 재차 유
품정리 의뢰를 받는 경우가 많다. 강력사건 피해자에게는 현장정리
에 소요되는 비용의 일부를 예산으로 지원하는 범죄피해자 지원제도
를 이용할 수 있도록 관할경찰서 등에 안내하는 것도 중요하다.

화재현장

화재현장의 경우에는 특수청소와 관련해서 의뢰가 오는 경우가 많다. 화재현장에서는 불에 탄 물건을 모두 끄집어내고 폐기처분하는 업무가 주를 이룬다. 불에 그을린 현장을 깨끗이 제거하고 강력 분사기를 이용하여 그을음 등을 제거하는 작업을 한다.

교통사고 등 재난현장

항공기 추락사고, 연쇄추돌 및 연쇄화재 등 대형 교통사고, 폭발사고, 압사사고 등 대형 참사현장에는 유혈이 낭자하고 유류품이 흩어져 있다. 경찰이나 소방에서 1차적인 초등수사가 종료될 때까지는 일반인의 접근이 금지되어 있다. 시신의 이송이나 처리는 장례지도사의 업무에 속한다. 유류품은 흩어져 있어서 누구의 것인지 특정되지 않는다.

이 경우는 특히 유실이나 망실이 없도록 유품목록을 만들고 현장사진과 함께 보존해야 한다. 유족이 나타나서 유품을 인수할 때까지 수거장소별, 유품별로 분류해서 보존해야 한다.

쓰레기집, 빈집도 처리해?

쓰레기집정리

쓰레기집의 경우는 신체장애, 저장강박증, 자기방임Self Neglect 등의 문제로 물건을 쌓아 놓기만 하고 쓰레기가 산처럼 쌓여서 생활에 불편을 준다. 생활하시는 분의 주거안정이 되지 않기 때문에 구청이나 동의 행정복지센터로부터 쓰레기집을 치워달라는 연락을 받는 편이다. 저장강박증은 일종의 질병으로 보아야 한다. 본인의 판단으로는 도저히 버리지 못한다. 한국정리수납협회의 콩알봉사단과 같은 자원봉사자를 통해서 쓰레기집정리를 하는 경우가 많은데, 지자체예산을 지원하다 보니 업무단가가 맞지 않아서 유품정리업체의 수익원으로서는 부족하다. 유품정리회사에서는 일종의 지역봉사차원에서 쓰레기집정리를 해주기도 한다.

이민 등 빈집정리

이민 등으로 집안을 전부 비우고 재산을 정리해야 하는 경우, 부모님이 거주하시다 돌아가시고 아무도 없는 농어촌의 빈집정리, 요양원 입소 후 빈집이 된 경우 등을 정리해 달라는 수요가 있다. 이삿짐센터가 유품정리업체와 다른 점은 물건을 옮겨갈 장소가 없다는 것이다. 유품정리에서는 물건을 옮겨갈 장소에 관한 걱정이 없다. 유품정리업자는 폐기물처리와 위생처리에 특화된 직업으로 보아도 된다.

특수한 유품의 처리

QUESTION

옵션과 렌털물품은 어떻게 해?

옵션물품

아파트 또는 오피스텔의 경우에는 분양 당시부터 건물에 속해있는 이른바 옵션이 있다. 옵션물품은 고인의 물품이 아니기 때문에 철거해서는 안 된다. 예를 들어 붙박이장, 거실장, 인덕션 등이다. 오피스텔이나 원룸의 경우에는 에어컨, TV, 냉장고, 세탁기도 옵션인 경우가 있다. 옵션품을 잘 모르는 경우에는 소유주 또는 관리사무소에 확인하고 유품정리가 끝난 후에도 건물 소유주의 확인을 받는 것이 좋다. 임차주택의 경우에 옵션물품이 없어지면 변상해야 하는 경우도 생긴다.

렌털물품

TV셋톱박스, 인터넷 공유기, 정수기, 비데 등은 렌털인 경우가 많다. 렌털용품 중 가장 많은 것이 정수기와 비데이다. 1인가구의 경우에는 냉장고, 세탁기도 렌털인 경우가 있다. 렌털 물건은 사망하신 분의 소유가 아니기 때문에 당연히 유품정리대상에서 제외해야 한다.

렌털물건은 현장에 그대로 두고 사진을 촬영하거나, 한곳에 모아놓고 사진을 촬영한 후 의뢰인에게 인계하는 것이 좋다.

QUESTION
고인이 남기고 간 차량은 어떻게 해?

차량의 처리

승용차, 트럭, 오토바이, 대형 농기계 등 등록제도가 있는 차량은 등록증에 의해서 소유권이 공시되는 의제부동산이다. 의제부동산은 등록제도에 의한 소유권 이전이 필요한 것이지, 차량 그 자체는 의미가 없다. 따라서 유품으로 처리해서는 안 되고 부동산에 준해서 처리해야 한다.

예외적으로 차량 내에 존치하는 등록증이나 보험증권, 신용카드나 현금 등 차량 내의 유품수거는 유품정리에 해당이 된다. 차량 내의 청소는 특수청소의 대상이 된다.

간혹 일정 기간 차량보관을 의뢰하거나 명의변경대행을 의뢰하는 경우도 있다. 차량등록대행은 별도의 비용이 들기 때문에 자동차등록대행 서비스를 이용하도록 권유한다.

기타 탈것의 유품정리

자전거, 보행기, 전동휠체어, 농기구 등 등록제도가 없는 동산은 일반 동산에 준하여 유품정리를 하면 된다. 제품의 상태에 따라서 재활용품으로 판매도 가능하지만 대부분 해체해서 고철로 처리한다.

QUESTION

반려동물도 정리해 주나?

반려동물의 응급처치

무연고 사망자의 유품으로 돌볼 사람이 없는 개, 고양이, 관상조류 등의 반려동물이 유품으로 남아있는 경우 어떻게 처리해야 할까? 당장 시급한 것이 물과 사료부터 챙겨주는 것이다. 반려동물은 유족에게 인계하거나 최대한 빨리 입양자를 찾아서 인계하는 것이 좋다. 무연고 사망 등으로 유족을 찾을 수 없는 경우에는 최대한 주변에서 입양자를 찾아보아야 한다. 당근마켓 등에 무료나눔으로 광고를 하면 입양자가 나타나는 수도 있다. 만약 입양자를 찾지 못해서 데리고 와버리면 그 후에 입양자를 만날 때까지 돌보는 동안에 시간과 인력을 뺏기고 정도 든다. 어쨌든 반려동물은 가급적 현장에서 새 주인을 찾아주는 것이 원칙이다.

반려동물 입양사례

어떤 자살현장에서 발견된 유서에는 "이 편지를 보신 분은 우선 강아지와 고양이 사료와 물부터 부탁드립니다"라는 내용이 있었다. 유품정리팀은 당황할 수밖에 없었다. 일단 강아지와 고양이 등은 주변에서 무료나눔 대상자를 찾아보고 사료 등의 반려동물 용품도 필요한 사람에게 무료나눔을 했다. 다행히 강아지는 당일에 좋은 주인을 만나서 입양이 되었지만 고양이 두 마리는 회사로 데리고 올 수밖에 없었다. 그 후에 두 마리의 주인을 찾아서 입양시키는 데에는 약 2개월이 걸렸다.

디지털유품의 처리

QUESTION

디지털유품도 처리하나?

디지털 자산이란

디지털 자산은 고인이 생전에 사용하던 온라인 및 전자 데이터 형식의 자산을 의미한다.

고인의 디지털 자산_{소셜미디어 계정, 암호화폐, 이메일 계정 등}은 상속을 통해 처리하는 것이 복잡할 수 있다. 이를 어떻게 관리할 것인지는 법적, 기술적 절차를 통해 해결해야 한다.

디지털 자산은 금전적 가치가 있느냐에 따라서 2가지로 나눌 수 있다. 금전적 가치가 있는 디지털 자산에는 카카오뱅크, 케이뱅크, 토스뱅크 등의 인터넷 전문은행의 예금 자산, 인터넷 주식, 코인 거래소 계정, 페이팔, 네이버페이, 카카오페이 등 온라인 결제 서비스가 있다. 비금전적 디지털 자산에는 카카오톡, 페이스북, 인스타그램 등의 SNS 계정, 구글 드라이브, 네이버 MYBOX 등 이메일과 클라

우드 저장 데이터, 유튜브, 블로그 등 콘텐츠 저작물이 있다.

디지털 자산의 유품처리

디지털 자산의 유품처리방법은 일반적인 유품옷, 책, 현금 등과는 전혀
다르게 접근해야 한다. 디지털 자산을 유족에게 상속시키기 위해서
는 고인이 생전에 인생노트엔딩노트 등을 통해서 디지털유품의 존재여
부와 계좌, 접근방법 등을 알려주어야 유족들이 디지털 자산을 찾고
관리하는 데 어려움을 겪지 않는다. 평생 사용했던 PC 속에도 개인
의 중요한 디지털정보가 있을 수 있고, 기업비밀이 있을 수도 있다.
SNS를 비롯한 가상공간 속에도 수많은 디지털정보가 있다.

고인이 남긴 디지털 유산의 처리방법은 법령이 정비되지 않았고,
유품정리사와는 전혀 다른 차원의 접근이기 때문에 유품의 물리적인
사실행위를 담당하는 유품정리사의 업무영역을 넘어서는 것이고 이
를 처리해 줄 의무도 없다.

QUESTION

디지털 장의사도 있어?

디지털 장의사란

세상을 떠난 사람들이 생전에 인터넷에 남긴 흔적인 '디지털 유산'
을 청소해 주는 직업, 쉽게 말해서 디지털 공간을 청소해 주는 온라

인 버전 장의사이다. 인터넷에 기록된 자신의 인생을 지워주는 역할을 하기 때문에 디지털 장의사로 불린다.

대표적인 디지털 장의사인 미국의 라이프인슈어드닷컴www.lifeensured.com의 예를 들면, 300달러를 내고 가입한 회원이 죽은 후에 인터넷정보를 어떻게 처리할지 적은 유언을 확인한 후 고인의 '흔적 지우기'에 들어간다. 페이스북 등에 올려둔 사진을 삭제하는 것은 물론이고 회원이 다른 사람 페이지에 남긴 댓글까지도 일일이 찾아 지워준다.

한국의 디지털 장의사

한국은 2020년대에 들어서도 디지털 장의사의 사각지대나 다름없다. 온라인에서 잊혀질 권리를 비즈니스화하는 데는 복잡한 법적·윤리적 쟁점들이 뒤따르기 때문이다. 정보통신망법이나 개인정보보호법은 개인이 온라인상의 자기 정보를 통제하고 삭제할 수 있는 모든 권한을 인정하고 있지만, 당사자가 죽은 후에는 누구도 이 권리를 대신 행사할 수 없도록 하고 있다. 당사자가 사망한 후 디지털 유산을 처리하는 문제에 관해서는 아직 제대로 된 논의조차 이루어지지 않고 있다.

제4편

유품정리 작업 전 단계

핫한 직업
유품정리사
특수청소관리사

작업 전 단계 유의사항

QUESTION

유품은 어떻게 다루지?

유품취급을 소중하게

특수청소 현장은 변사체로 방치된 채로 있겠지만, 만일 고인이 현장에서 바라보고 있다면 고인으로서도 고맙게 생각할 것이다. 특수청소 과정에서 마지막 뒤처리를 하지 못하고 떠난 고인의 마음을 달래주고, 걱정 없이 편안하게 보내드리는 것도 유품정리사의 역할이다.

유품정리에서 유족들은 누군가에게 도움을 요청하는 심정이기 때문에, 유품정리사의 고인이나 유품에 대한 불손한 행동은 유족에게는 큰 슬픔이 될 수도 있다. 고인과 유품을 소중히 다루어주고 정성껏 업무를 해 드리는 것만으로도 감사와 고맙다는 말을 들을 수 있다.

QUESTION

유품정리사가 누군지 알 수 있나?

예의 바른 복장과 태도

우리의 작업 하나하나가 유족을 위한 것이기도 하고, 돌아가신 고인을 위한 것이기도 하다. 불신감을 주는 복장, 태도는 의뢰인에게 유품정리사의 품격을 떨어뜨리는 행위가 된다. 단정하지 못한 복장은 의뢰인인 유족에게도 실례가 되지만, 돌아가신 고인에게도 실례가 된다. 상대를 생각한 예를 갖춘 대응이 필요하다.

특히 처음 견적을 위해 방문했을 때는 물론이고, 현장 작업 당일에도 단정한 복장을 갖추어야 한다. 작업 당일에는 현장 작업의 편리함만 강조하여 어디서 온 누구인지 신원을 알 수 없는 복장을 하는 경우가 많다. 활동이 편한 작업복이라도 회사 명칭과 로고가 새겨진 작업복을 착용하고, 직책과 이름이 쓰인 명찰을 달고 있는 것이 보다 예의 바르고 신뢰감을 줄 수 있다.

QUESTION

비밀을 보장할 자신이 있어?

비밀유지

의뢰인이 유족이든 집주인이든 양자 공통적으로 요구하는 것은 비밀유지이다.

유품정리의 요체는 비밀유지이다. 비밀유지가 되지 않고 고독사 사실이 주위에 퍼져 버리면, 그 방은 재임대가 어렵게 된다. 비밀을 유지하고 재임대 상태로 원상회복을 시켜주는 것이 유품정리 전문업체로서 자세이자 의무이다. 비참한 현장일수록 비밀유지는 절대적이다. 비밀유지가 안 되면 재임대는 어려워지고 임대인은 큰 손해를 보게 된다. 이것이 사회 문제로 확대되면 고령자나 1인가구는 집 얻기도 힘들어질 것이다.

제2절

상담의 기법

QUESTION

상담 시작은 어떻게?

상담의 시작

유족은 아무런 경황이 없고 슬픔에 빠져 있고 누군가에게 위로를 받고 싶어한다. 이러한 유족의 마음을 헤아리지 못하고 단도직입적이고 무례한 질문은 유족의 마음을 상하게 한다. 일단, 유족이 안심하고 마음을 열도록 하는 것이 중요하다. 상담 단계는 유품정리 업무의 첫 단계로서 매우 중요하다. 상담자는 유품정리의 전체를 꿰뚫어 보아야 하고 상담자가 금액이나 날짜에 대한 재량권을 어느 정도 가지고 있어야 상담이 원활하게 된다.

고인의 정보를 파악

직접 대면상담을 하는 경우나 전화상담을 하는 경우에는 사전에 의뢰인으로부터 고인에 대한 정보를 잘 듣는 것도 굉장히 중요한 일이다. 유족으로서는 고인에 대한 정보를 알려주는 것에 대해서 꺼릴 수도 있기 때문에 최대한 우회적으로 알아보아야 한다. 특히 사망원인, 사망 후 현장 상황 등의 고인정보에 대해서는 가능한 한 우회적인 방법으로 파악해 둘 필요가 있다.

현장정보를 파악

다음으로 유품현장이 어떤 상태인지 현장 상황을 파악하는 것이 반드시 필요하다. 유품현장의 위치나 크기, 유품의 양, 특수청소의 범위 등에 따라서 작업인원의 할당, 작업장비의 준비, 작업복장이나 주의해야 할 점도 달라지기 때문에 어떤 작업이 필요한 환경인지 먼저 현장정보를 파악하는 것이 중요하다.

특수청소 범위를 파악

고독사의 경우에는 현장의 시신은 이미 옮겨지고 없지만 시취屍臭나 혈액, 체액 등이 오염되어 있고 혈흔, 체액 등이 바닥에 스며들어 이를 제거하고 교체하는 경우도 있기 때문에 현장 상황을 충분히 파악하고 견적 산출에 반영해야 한다.

현장에 따라서는 의뢰자의 요청에 따라 계약대로 작업을 진행하지만, 특수청소만으로 해결되지 않고 추가조치가 필요한 경우에는 견적내용과 실제 비용이 차이가 나기 때문에 특수청소의 범위를 파악해야 한다.

고객정보는 어떤 것이 알고 싶어?

사망시기와 경위

고인이 어떻게 돌아가셨는지 사망경위를 파악하는 것은 자연사인지, 고독사인지, 사고사인지에 따라서 유품정리의 방향이 달라지기 때문에 중요하다.

또한, 고인의 사망시기를 파악하는 것은 고인이 사망 후의 경과일수에 따라서 시신의 부패 정도와 부패물의 냄새 등 특수청소의 범위가 달라지기 때문이다.

사망의 원인

고인이 무슨 병을 앓고 있었는지 질병 유무를 확인하는 것은 감염병을 예방하고 자신의 몸을 지키기 위해서도 필요하다. 고인이 무슨 질병으로 돌아가셨는지 모르고 현장에 투입되면 혹시라도 있을 감염병을 예방을 할 수 없기 때문이다. 특히, 코로나19와 같은 전염성이 강한 질병의 경우에는 미리 파악해 두면 자신을 방어할 수 있다.

고인의 생전정보

고인의 직업이나 취미 또는 가족관계를 이해함으로써 현장에서 유품을 선별하는 기준이 된다. 가족관계를 알아보는 것은 누가 상속인인지를 알아보는 것이다. 단독상속이면 문제가 없지만 공동상속의 경우에는 상속인 간의 분쟁이 있을 수도 있으므로 정당한 상속인을 계약당사자로 해야 하기 때문이다.

고객상담은 누구와 해?

세입자와의 상담

고인이 세입자인 경우 상속인인 유족의 입장에서는 어떻게든 유품 정리를 대충 끝내고 집주인으로부터 임차보증금을 돌려받는 것이 목표이다. 따라서 집주인의 수준에 다소 못 미치더라도 저렴한 비용으로 처리해 주기를 바란다. 유품정리사는 이 점을 인식하고 집주인이 납득할 만한 수준의 유품정리와 특수청소, 원상회복에 따른 비용과 시간을 제시해야 한다.

집주인과의 상담

유품정리는 유족뿐만 아니라 유족이 아닌 소유권자나 부동산 회사나 건물관리 회사로부터 유품정리를 의뢰받는 경우도 증가하고 있다. 집주인의 입장에서는 임대주택을 하루라도 빨리 다음 세입자에게 재임대하는 것이 목표이다. 따라서 집주인의 입장에서는 "이웃에게 소문이 나지 않도록 비밀을 지켜가면서 최대한 빨리 저비용으로 깨끗하게 치워달라"라는 상반된 요청을 하게 된다.

특수청소는 물론이고 도배, 장판, 집수리 등 리모델링 공사를 하지 않고는 완전한 탈취가 불가능한 상황에서도 비용을 낮춰 달라는 요청을 받을 수도 있다. 이 경우는 작업현장이 어떤 상황인지, 어떤 작업이 필요한지, 어느 정도의 비용이 필요한지, 가능한 한 납득이 될 때까지 설명하고 이해를 구할 필요가 있다.

QUESTION

상담에도 절차가 있어?

유족과의 상담

유족의 입장에서는 직접 고인의 유품을 정리하고 싶어도 현장 상황이 유족의 힘만으로는 처리할 수 없기 때문에 유품정리업체에 의뢰하는 경우가 많다. 왜냐하면 들어가고 싶어도 들어갈 수 없는 곳이 바로 유품정리와 특수청소 현장이기 때문이다.

유족과의 상담 과정에서 유념해야 하는 것은 유족은 정신적으로 매우 힘든 상황이라는 점이다. 유족의 정신적인 밑바탕에는 가까운 가족이 사망하였기 때문에 위로받고 싶은 심정을 가지고 있다. 따라서 '고인을 추모하는 마음'이나 '유족을 배려하는 마음'으로 상담하고 업무에 대응하는 마음가짐이 중요하다.

방문인사

견적산출을 위하여 현장을 방문할 때에는 단정한 복장을 갖춰야 한다. 운동복이나 슬리퍼는 금물이다. 가급적 회사 로고가 있는 유니폼에 명찰을 달고 방문해서 신뢰감을 주어야 한다. 회사명함을 건네면서 "저는 ○○유품정리회사에서 ○○부장 직책을 담당하는 유품정리사 ○○○입니다. 제가 책임지고 업무를 완벽하게 진행하겠습니다" 하고 방문인사를 한다.

그 다음은 "갑자기 일을 당하셔서 얼마나 상심이 크십니까?"와 같은 위로의 말씀을 드리면서 상대방의 경계심을 풀도록 노력한다. 성급하게 유품정리 가격부터 제시하기보다는 먼저 의뢰인의 입장에서 경청하면서 그 내용을 메모한다.

현장확인

"그러면 말씀하신 내용대로 현장을 한번 살펴보아도 되겠습니까?"라고 물어 승낙을 얻은 후에 현장을 살펴보고 나서 가견적을 산출하도록 한다. 현장까지의 거리, 차량의 접근성, 주거의 면적, 층수, 중요한 유품의 내용, 작업의 난이도, 폐기물의 분량 등이 중요하기 때문에 현장확인은 반드시 필요하다.

가견적 제시

가견적은 상대방의 동의를 받기 전에 유품정리업체에서 먼저 제시하는 견적이다. 견적서 산출에 필요한 가장 먼저 필요한 것이 인건비, 재료비, 운송비, 폐기물처리비 등으로 구성된다. 가견적 산출 시에는 ① 소요되는 인건비, ② 매입요청 물품에 대한 대응, ③ 운송비 산출, ④ 폐기물처리비 산출, ⑤ 특수청소비 산출, ⑥ 필요비용의 산출 등을 고려해야 한다.

전화 혹은 현장 방문으로 현장 상황을 파악하면 먼저 가견적을 제시한다. 전화상담의 경우 가견적은 일단 총액으로 대략적인 가견적을 제시한다. 가견적만으로 계약이 성립되는 경우도 있고 현장 방문후 가견적을 제시하고 합의를 거쳐서 본견적을 제시하는 것이 계약 성립의 가능성이 높아진다. 가견적을 바탕으로 상담을 시작하고 고객의 요청을 반영하여 합의에 이르면 곧바로 작업에 필요한 견적서를 제출한다.

계약체결

견적서를 확정하여 제출할 때에는 ① 작업의 범위가 어디까지 인지, ② 인원은 몇 명을 투입할 것인지, ③ 폐기물처리 비용은 얼마인지, ④ 특수청소의 범위는 어디까지인지, ⑤ 매입할 물건은 얼마인지, ⑥ 제세금은 얼마인지, ⑦ 총금액은 얼마인지를 적은 최종견적서를 제시한다.

작업일정 확정

최종견적서를 제출하고 이에 의뢰인이 동의하면 유품정리계약은 성립한다. 계약이 성립하면 작업일정을 협의하여 확정하게 된다.

견적서 산출

QUESTION

견적서는 어떻게 산출해?

인건비

견적을 내기 위해서 가장 필요한 것이 인건비이다. 유품정리를 함에 있어서 어느 정도의 업무량이 있고, 작업에 얼마나 많은 인원을 투입할 필요가 있는지를 파악하는 것이 중요하다. 간단한 유품정리의 경우에는 당일에 업무를 끝내는 것이 보통이므로 현장에 도착시간부터 작업현장을 떠날 때까지의 작업에 필요한 인원을 산출한다.

유품정리에 필요한 인원산출의 표준이 되는 것은 건물의 평수와 방수이다. 가재도구의 분량 등을 감안하여 산출한다. 특별히 반출이 어려운 대형가구, 대형가전, 냉장고의 크기와 보관식품, 에어컨 철거 여부, 피아노, 서적의 양, 화분과 장독 등 그 밖에 얼마나 오래된 짐들이 많은지를 감안하여 인원을 산출한다.

생전정리의 경우에는 각 방마다 산적한 물건들을 정리하는데, 정서품의 경우에는 의뢰자의 의사를 존중하면서 함께 작업을 해야 하기 때문에 유품의 분류에만 며칠이 걸릴 수도 있다. 이 경우에 '몇 명을 할당하여 어디까지의 작업을 실시할 것인가'의 기준을 만들어 인건비로서 비용을 계상해 나가는 것이 필요하다.

특수청소의 경우에는 인원의 숫자보다는 특수청소의 범위와 난이도에 따라서 산정한다. 인원이 산출되면 단가를 곱해야 하는데 일당 수준은 일용근로자 기준 일당 이상으로 산출하고, 특수청소가 수반되면 전문장비와 작업난이도를 고려하여 특수청소비를 추가한다.

운송비

운송비의 경우는 유품현장에서 차량이 진입할 수 있는 곳까지의 거리를 살펴보아야 한다. 오래된 단독주택의 경우에는 골목에 화물차 진입이 어려운 곳이 있을 수 있다. 문 앞까지 차량이 진입할 수 없는 경우에는 인력으로 운송해야 하는 진입로까지의 반출거리를 감안해야 한다.

2층 이상의 주택으로 엘리베이터가 없고 계단을 이용하는 경우에는 층수를 감안해야 한다. 대형 냉장고나 돌침대, 대형가구 등이 있는 경우 사다리차를 이용해야 하는데, 복잡한 다가구주택의 경우에는 사다리차의 진입도 어렵고 스카이워크를 이용해야 하는 경우 추가 비용이 발생할 수 있다.

아파트의 경우에는 층수를 고려해서 사다리차를 이용하는 경우가 있다. 사다리차는 시간당 요금으로 정해지는데, 층수마다 비용이 달라진다. 사다리차는 자주 사용하는 단골 업체를 이용하는 것이 작업의 손발을 맞추기에 좋다.

엘리베이터를 이용하는 경우 관리사무소에서 엘리베이터 이용료를 추가로 징수하기도 하고 유품의 운송시간도 사다리차보다는 더 걸린다.

유품현장이 소재지를 벗어나서 편도 2시간 이상 걸리는 지역의 경우에는 연료비와 시간을 감안해서 운송비를 추가해야 하는 경우도 있다.

폐기물처리비

폐기물처리 비용 산출의 기준이 되는 것이 폐기물의 분량이다. 보존유품을 제외한 처리유품의 경우에는 현장에서 배출하는 경우도 있지만, 일단은 처리유품 전체를 모두 싣고 와서 처리하는 것을 기준으로 폐기물의 양을 산출한다.

견적 시에 폐기물의 양을 정확하게 측정하기는 어렵다. 유품정리현장에서의 경험으로 산출할 수밖에 없다. 유품정리사에 따라서 산출방법이 다르겠지만 대상건물의 평수, 방수, 주거기간 등을 기준으로 산정한다. 같은 평수라도 묵은 짐이 많은 경우 의외로 폐기물이 많을 수도 있다. 특히 오래된 묵은 짐이 많은 경우 장독류, 화분 등의 무겁고 폐기가 어려운 짐이 많으므로 이를 감안해야 한다.

특수청소비

고독사, 사건현장, 사망 후 오랫동안 비워둔 집의 경우에는 소독, 탈취 등에 따른 특수청소 비용이 부가된다. 특수청소는 혈흔제거, 오염물제거, 해충구제, 냄새제거 등의 특수장비와 특수약품이 소용되므로 부가요금이 발생한다. 인건비와 약품비 장비사용료를 구분하지 않고 일괄해서 특수청소비를 책정한다. 또한 장판제거, 벽지제거, 바닥제거 등이 필요한 경우에는 이러한 비용을 추가하게 된다.

차량특수청소, 화재현장 특수청소의 경우에는 개별로 작업의 난이도에 따른 특수청소비를 청구한다.

부가 서비스비유품소각, 유품보관, 인테리어 등

유품정리가 끝난 후에도 유품의 소각이나 보관 서비스, 집수리 요청 등의 요청이 있을 경우 이를 반영해야 한다. 유품정리를 마친 후에 추가적인 소독이나 냄새를 제거할 필요가 있을 경우 이에 대한 대응에 대해서도 견적서에 반영해야 한다. 이 밖에 특수약품의 사용 등의 특별한 요청이 있는 경우에는 각 건별로 개별 상황에 따라서 기타 비용을 필요 비용으로 견적에 포함시킬 수 있다.

제세 공과금

대형폐기물 스티커 구입비, 엘리베이터 사용료, 생활 쓰레기봉투 구입비, 특수약품구입비, 부가가치세 등 유품정리 과정에서 지출해야 하는 총비용을 산출한다. 유품정리업체에서는 매 분기 말에 부가

가치세를 납부해야 한다. 따라서 유품정리업체가 수령하는 총금액에 대해서는 반드시 부가가치세를 징수하는 대신 세금계산서 또는 현금영수증 등을 빠짐없이 발급해야 한다. 부가가치세 계산 시 매입세액으로 인정받을 수 있도록 청소용품 및 특수약품구입비, 사다리차 이용료, 폐기물처리비, 운송료 등에 대해서도 세금계산서 또는 현금영수증을 챙겨두어야 한다. 부가가치세를 징수하지 않는 경우 결국은 유품정리업자가 부가세를 부담하게 되거나 세금 탈루가 되어 후일 부가세 또는 법인세 납부 시 곤란을 겪을 수 있다.

QUESTION

유품도 매입해 주나?

재판매를 고려

유품정리 현장에서 골동품, 귀중품, TV, 냉장고, 고급가구, PC 등 유족이 처분하기를 원하는 물품을 평가하여 매입해 주는 서비스이다. 보석, 시계 등 귀중품이나 골동품의 경우에는 전문가가 아니면 가격을 모르기 때문에 매입에 응하지 말고 유족이 직접 처분하도록 유도한다.

유품정리업자가 유품을 매입하는 경우는 재판매를 염두에 두어야 한다. TV, 냉장고 등 가전제품류의 경우 출하시기가 5년이 넘은 것은 재판매가 쉽지 않다. 제품의 제조연월일을 확인하는데, 제조연월

일이 전선에 표기된 경우도 있다. 고급가구나 PC 등은 재판매가 어렵다. 이 경우를 감안해서 처분 가능성을 염두에 두고 유품매입 서비스에 응해주면 된다. 매입물품의 가격산정이 끝나면 보통은 유품정리 견적금액에서 차감해 주는 방법으로 계산한다.

일본의 유품매입업자

일본에서는 유품매입을 전문으로 하는 업체가 있다. 유품의 가치를 감정해 주는 유품사정사도 있다. 농촌의 빈집을 매입해서 리모델링 후 숙박업체로 활용하는 부동산 업자도 있다. 또한 점포를 차려놓고 유품을 매입해 주기도 하지만 현장에 출장매입을 하는 업체도 있다. 하지만 우리나라는 아직까지 유품매입을 업으로 하는 업체는 드물고 유족에 대한 부가 서비스 형식으로 응해주고 있다.

재활용품의 매입요구

의류, 종이 등의 재활용품을 매입해 줄 것을 요청받는 경우이다. 폐지, 폐섬유, 고철, 비철과 같은 재활용폐기물은 인근의 자원순환 관련 시설일명 고물상이라 한다. 고물영업법은 1961년 제정되어 1993년 폐지되었음에서 매각할 수 있다. 하지만 재활용품의 분리배출과 매각 과정에는 별도의 인건비와 시간이 들기 때문에 재활용품의 매입요구에 응하기는 현실적으로 어렵고, 유족들이 직접 처분하도록 유도하는 것이 좋다.

제4절

사진촬영

QUESTION

사진은 왜 찍어?

현장보존

유품정리에 착수하기 이전의 현장은 유품정리를 마치면 복원할 수가 없다. 따라서 유품정리 전의 사진은 후일의 여러 가지 용도로 사용될 수 있다. 유품 전체를 촬영하여 유품정리의 방향을 설정하고 폐기물의 양을 가늠하여 견적을 산출하는 기초자료가 된다. 또한 유품정리 작업자들 간에 현장을 공유하고 적절한 작업배치를 할 수 있다. 중요 유품은 품목별로 촬영하여 후일 유품의 분실이나 파손 등의 분쟁발생에 대비한다.

증거보전

강력사건에 의한 사망현장의 경우에는 유품정리를 마치고 나면 현장증거가 모두 사라지게 된다. 혹시라도 있을 사후증거에 대비해서 관련 사진을 확보해야 한다. 자살현장의 경우에도 자살에 사용된 도구나 현장을 제거하기 전에 원상태의 사진을 보전할 필요가 있다. 유족이 해외나 원거리에 있는 경우에도 사후에 어떤 유품이 없어졌다고 할 수도 있다. 유품정리사는 사후증거를 보전하기 위해서 필요한 증거물은 보존해 둘 필요가 있다.

개인정보보호

사진촬영 시는 개인정보보호에 신경을 써야 한다. 개인 신분에 관한 사진, 유서와 같이 정서적으로 민감한 사진, 사건현장을 유추할 수 있는 사진은 촬영에 조심해야 한다. 만일 촬영한 사진이나 동영상을 유튜브 등의 SNS에 게재하는 경우에는 반드시 의뢰인의 동의를 구해야 한다. 개인정보와 위치정보는 삭제하거나 모자이크 처리를 해야 한다. 만일 개인정보를 유출해서 의뢰인의 프라이버시가 침해되는 경우 자칫 소송에 휘말릴 수도 있음을 유념해야 한다.

QUESTION

사진은 어떤 것을 찍어?

계약 전 현장사진Before 사진

현장 방문 시에는 견적을 위한 사진촬영이 허용된다. 이때에는 건물 내의 정리대상 유품의 총량을 파악하기 위해 유품이 있는 안방,

건넌방, 서재, 거실, 주방, 베란다 등 각 방마다 유품상태를 촬영해 둔다. 특히 부피가 큰, 장롱, 침대, 화장대, 거실장, 소파, 장식장, 책장, 식탁 등의 가구류, 냉장고, 세탁기, 에어컨 등의 가전제품류 등은 개별사진을 촬영하여 유품의 분량을 파악하도록 한다.

특히, 유족이 중요하게 생각하는 귀중품이나 판매를 희망하는 가구, 가전 등도 품목별로 상세하게 촬영해 둔다. 이렇게 촬영해 둔 사진들은 유품의 총량을 가늠하여 견적산출의 기초가 되고, 후일 유품의 파손이나 분실 시에 증거자료가 된다.

작업현장사진Doing 사진

유품정리 당일에도 사진촬영이 필요하다. 먼저 가족이 가져갈 물품은 누구나 알 수 있도록 색깔이 있는 포스트잇으로 표시를 하고 사진촬영과 함께 목록을 기재해 둔다. 사후 분실에 대비하기 위함이다. 유품정리 과정에서도 유족에게 설명이 필요한 사항은 사진을 촬영해서 남겨둔다. 특수청소와 같이 정리 전후와 정리 과정이 필요한 경우에는 사진과 함께 동영상으로도 촬영해 둔다. 혈흔제거 과정, 제충제취 과정, 살균소독과 탈취 과정 등은 동영상이 필수이다.

유품정리 종료 후 현장사진After 사진

유품정리를 마치고 나서도 마지막으로 현장확인을 위한 증거사진을 촬영한다. 유품정리를 마친 후 유품정리 전과 유품정리 후를 비교하는 데에도 긴요하고, 의뢰인에게 최종보고를 위해서도 필요하다.

제5편

유품정리 작업 단계

핫한 직업
유품정리사
특수청소관리사

작업 전 준비사항

QUESTION

작업일정 수립 시 고려사항?

긴급성

작업일정 조정에 있어서 최우선적으로 고려되어야 하는 것이 긴급성이다. 사건현장에 낭자한 혈흔 등은 시급하게 제거되지 않으면 안된다. 끔찍한 현장의 경우에는 다른 일정을 조정해서라도 최우선적으로 대응해야 한다. 경우에 따라서는 주야간이나 휴일을 불문하고 즉시 출동하는 24시간 대비태세를 갖추는 것이 중요하다.

24시간 출동태세는 업체 전원이 출동하기보다는 긴급한 인원이 먼저 출동해서 긴급한 업무를 처리하고 추후에 견적에 따라서 추가 정리를 하는 것이 필요하다.

기상조건

유품정리 업무 중에는 실내에서 처리할 수 있는 업무도 일부 있겠지만, 눈비가 오거나 혹한의 날씨가 계속되면 외부 작업을 할 수 없다. 대형가구나 가전제품의 배출, 생활 쓰레기 배출 등은 눈비가 오는 날에는 실시하기 어렵다. 작업현장의 소재 지역 기상청 일기예보를 확인할 필요가 있다.

유족일정

유품정리 업무에는 유족의 참여가 필요한 경우가 많다. 특히 보존유품은 유족 입회하에 처리할 유품이 많은데 경우에 따라서는 유족이 현장에서 하나하나 확인할 필요도 있다. 무연고 고독사 현장의 경우에는 특별한 유품이 없고 대부분 폐기물이어서 유족이 입회를 포기하고 유품정리업체에 일임하는 경우도 있는데, 반드시 유족의 일정 확인과 현장에 입회여부에 대한 확인을 받을 필요가 있다.

일정중복

유품정리업체가 대부분 소규모이기 때문에 같은 날짜에 2개 현장을 동시에 처리하는 것이 불가능한 경우가 많다. 따라서 먼저 확정된 일정이 있는지 체크해야 한다. 날짜별 시간대별 일정을 보아가면서 일정이 없는 날짜와 시간대로 작업일정을 확인한다. 일정을 잡을 때에는 작업 시작시간뿐만 아니라 종료시간도 함께 적어두는 편이 좋다. 시간을 특정하기 어려우면 오전, 오후, 종일 정도라도 특정해 두는 편이 좋다. 작업시간이 중복되면 팀을 나누어서 분담하는 방법도 있다. A팀은 ○○현장, B팀은 △△현장으로 지역을 나누어서 동시에

진행하거나 A팀은 현장 작업, B팀은 폐기물처리와 같이 나누는 방법
이다.

일관성

작업일정을 관리하는 사람을 한사람으로 지정하여 모든 일정을 한
사람이 일관성 있게 관리해야 한다. 전화응대 시 또는 견적을 위해서
현장에 나가 있는 직원도 모두 본사의 일정담당자에게 확인한 이후
에 작업일정을 확정하여야 한다. 설사 본인이 대표라고 하더라도 현
장에서 즉흥적으로 일정을 확정해 버리면 일정의 중복으로 피해를
볼 수 있다.

QUESTION

협력업체 수배 시 고려사항은?

업무 일부를 아웃소싱

업무 일부를 외부업체에 아웃소싱을 하는 경우이다. 유품정리업자
가 모든 장비와 기술을 갖출 필요는 없다. 하루에 1~2시간 사용하
는 사다리차를 구입할 필요도 없고, 사용빈도가 적은 대형장비나 특
수청소 장비를 갖출 필요도 없고, 폐기물 수집운반 허가를 직접 받을
필요도 없다. 필요할 때 필요한 업체를 아웃소싱하여 활용하면 된다.

유품분류를 마치고 처리유품을 반출해야 하는 정해진 시간에 사다

리차가 정확하게 수배되어 있지 않으면 작업일정에 차질을 빚게 된다. 업무 일부를 아웃소싱하는 경우에는 유품정리를 잘 이해하고 손발이 잘 맞는 업체를 수배하는 것이 중요하다.

업무 전체를 재위탁

시도를 달리하는 경우처럼 유품현장이 현저하게 멀거나, 작업일정이 중복되어 타 업체에 업무 전체를 재위탁하는 경우이다. 예를 들어 수도권을 업무 구역으로 하는 업체에 중부권의 지역에서 유품정리가 들어온 경우에 그 지역의 유품정리업체로 하여금 유품정리를 하도록 위탁하는 경우이다. 이 경우에도 의뢰인의 동의가 없는 한 모든 책임은 계약업체가 지기 때문에 믿을 만한 업체에 재위탁을 맡겨야 한다.

재위탁을 받은 업체가 믿을 만한 업체인지, 사후평판은 어떠한지 거래 이력을 보고 재위탁을 한다. 재위탁을 했다고 해서 계약업체가 책임이 없어지는 것은 아니다. 본인과 대리인과 상대방의 법률관계는 민법상 대리의 3면관계와 동일하다.

전문업체와 제휴하는 경우

유품정리업의 업무범위를 벗어나서 유품정리업자가 직접 수행하기 어려운 업무에 대해서는 관련법과 인허가 요건을 갖춘 전문업자와 제휴를 한다. 그러한 경우에는 적법한 자격을 갖춘 '전문업자와의 제휴'가 필요하게 된다. 예를 들면 홍보전문업자, 소독업자, 특수청소업자, 폐기물 수집운반업자, 인테리어업자와 같이 연관된 전문업자와 제휴하는 경우이다.

협력업체 수배는 어떻게?

유족 측 작업일정

유족 측의 일정을 감안해서 협력업체를 수배해야 한다. 왜냐하면 유품정리 과정에서 유족의 협조가 필요한 작업이 있을 수 있으므로 가급적 유족입회가 가능한 날이 좋다. 유족의 입장에서는 대체로 유품으로 보존할 보존유품은 미리 분리 보관을 하고 나머지는 모든 처리 업무를 위임하는 경우가 많다. 유족입회가 어려운 경우에는 사전에 출입문을 개방해 놓거나 열쇠 등을 맡기도록 사전약속을 해야 한다. 유족의 입회 없이 유품정리를 한 때에는 사진이나 동영상으로 찍어서 작업 과정을 보고해야 한다.

업체 측의 작업일정

다음은 업체 측의 작업일정을 조정해야 한다. 미리 약속된 현장이 있을 경우에는 동시에 유품정리를 할 수가 없기 때문이다. 먼저 의뢰 받은 것부터 차례대로 하는 것이 순리이지만 반드시 그렇지는 않다. 현장처리의 시급성에 따라서 약간의 조정이 가능하다. 작업일정을 앞뒤로 조정하여 작업이 가능한 날을 제시한다. 유족 측에서 수락하면 그날을 작업일자로 확정한다.

협력업체 수배

작업일정이 확정되면 인력과 시설 등 투입할 자원을 계산하여 자체자원을 투입하고 부족하면 협력업체를 수배한다. 협력업체를 수배하면 자체설비를 이용하는 것보다 고정비가 적게 들고 오히려 외부업체를 활용하는 것이 경제적인 경우가 많기 때문이다.

외부설비를 이용할 필요가 있으면 협력업체를 수배한다. 협력업체를 수배하는 경우는 ① 특수장비나 특수인력 등 외부자원을 활용하는 것이 유리한 경우, ② 폐기물량이 많아서 자체차량으로 운송이 불가능한 경우, ③ 유품정리 현장에서 사다리차 또는 스카이 워크를 단시간 이용하는 경우 등이다.

협력업체는 필요할 때마다 새로운 곳을 찾기보다는 주로 이용하는 단골업체를 지정해 놓고 이용하는 편이 좋다.

QUESTION

평소에 비치하는 작업용구는?

평소에 사전 준비해야 할 작업용구

구분	품목
안전용구	작업복, 방호복, 안전화, 안전모, 장갑니트릴, 라텍스, 방독면, 고글, 장화, 슈커버 등
운반용구	화물용자동차, 화물고정 끈, 화물덮개, 운반카트, 완충재 등
포장용구	마대자루대, 중, 소, 비닐대, 중, 소, 컨테이너중복적재 가능한 것
작업용구	장갑코팅장갑, 고무장갑, 라텍스장갑, 공구세트망치, 드라이버(전동, 수동), 집게, 전지가위, 톱, 빠루, 끌개, 커터 칼
청소용구	빗자루, 쓰레받기, 걸레, 수건, 통돌이 회전걸레, 진공청소기, 헤라, 스크레퍼, 수세미, 철 수세미
특수청소	혈흔제거 약품과산화수소수 35%, 락스희석액차아염소산수, HOCl수, 살충제에프킬라, 살균소독제에탄올, 미립자분사기, 고압분사기, 오존살균기, 자외선오존살균기

작업도구의 준비

QUESTION

작업에 필요한 안전용구는?

작업복, 방호복

작업을 수행하기 위해서는 다양한 물건이 필요하지만 특히 중요한 것이 작업에 임하는 '복장'이다. 유품정리 현장은 직접 들어가 보기 전에는 현장 상황을 알 수 없고, 자신의 몸과 안전을 지키기 위해서라도 제대로 된 복장으로 현장에 임하는 것이 매우 중요하다.

작업복은 반드시 긴팔에 재질이 두꺼운 작업복이어야 한다. 반소매 작업복과 재질이 얇은 작업복은 작업 중 발생하는 충격으로부터 신체를 보호할 수 없다. 특히 정강이 부근에 부딪쳐서 상처를 입는 경우가 종종 있다.

방진복이나 보호복은 방수와 방유, 액체에 대한 방어력이 있는 제품을 사용해야 한다. 고독사 현장의 경우에는 시신의 오염물이 흘러내리는 경우가 있다. 변사체 오염물을 제거하는 과정에서 작업복에 묻게 되면 액체가 의복 속으로 침투해서 피부에 묻을 수 있다. 시신의 오염물들을 방어하기 위해서는 먼지만 막아주는 저렴한 보호복이 아니라 방수와 방유防油 기능이 있는 보호복을 사용해야 한다. 보호복의 종류에는 위아래가 붙은 일체형 보호복CS 보호복, 방유나 분진을 방어하는 보호복FX보호복, 방역 소독에 특화된 방역복FT방역복이 있다. 현장 상황에 따라서 선택하면 된다.

안전화, 안전모

유품정리 현장에서는 바닥에 유리조각 등 예리한 물건들이 떨어져 있을 수 있기 때문에 항상 안전화를 신고 작업한다. 보통은 신발을 신고 실내에 들어오는 것을 꺼릴 수 있는데, 안전상의 필요에서 작업 중 신발을 신어야 한다는 것을 미리 양해를 구하는 것이 좋다. 불가피하게 신발을 신어서는 안 될 때는 신발 위에 슈커버나 덧신을 신는 방법도 있다.

작업용 신발은 가급적 안전화나 등산화 같이 앞부분이 딱딱한 경질의 신발을 신도록 한다. 가구나 냉장고 등 무거운 물건을 옮길 때에 발등이 찍히는 부상을 예방할 수 있다. 모자를 쓰는 것도 머리의 부상을 예방할 수 있다. 안전모 착용 역시 습관화하는 것이 좋다. 작업 시 갑갑하다고 모자를 벗는 경우가 있는데, 꼭 안전모가 아니더라도 두꺼운 재질의 모자는 쓰는 것을 습관화해야 머리의 부딪침이나 긁힘으로부터 머리를 보호할 수 있다.

방독면, 고글

특수청소 과정에서 인체에 피해를 줄 수 있는 약품을 사용할 경우에는 약품의 비말이나 유해가스로부터 코와 눈 얼굴을 보호하는 안전장구가 필요하다. 코와 입을 보호하기 위해서는 방독면이 필요한데 눈을 보호하기 위해서는 고글이 필수적이다. 방독면 같은 경우에는 얼굴의 반만 가리는 반면형이 있고 눈까지 보호하는 전면형이 있다. 전면형 방독면이 가장 안전하지만 방독면 자체에 습기가 차서 오랫동안 사용하기는 어렵고 반면형 방독면이 편리하다. 작업 도중 물체가 튈 수도 있고 분진이 눈에 들어올 수도 있기 때문에 인체에 피해를 줄 수 있는 약품을 취급할 때에는 무조건 안경보다는 고글을 쓰는 편이 좋다. 고글의 경우에는 특별한 기능은 요구하지 않고 일반적으로 비말이나 분진을 막아줄 수 있는 정도면 된다.

장화, 슈커버

고독사같이 오염이 심한 장소에 들어갈 때는 방 안에 들어설 때부터 끈적끈적한 오염물질을 밟고 들어가야 하고, 작업 과정에서 신발 바닥에 오염물질이 묻은 채로 이동을 하면 신발 바닥에 붙은 오염물질이 여기저기 묻어나게 된다. 이를 방지하기 위해서는 원천적으로 장화를 신고 작업을 하고 작업을 마친 직후에는 밑바닥을 깨끗하게 세척한다. 오염물질이 심하지 않은 경우는 작업을 하는 동안 방수성 재질로 만든 비닐이나 부직포로 만든 슈커버신발커버를 신고 작업을 한다.

작업에 필요한 운반용구는?

운반차량

유품정리는 고정된 장소에서 작업을 하는 것이 아니라 아파트, 단독주택 등 다양한 주거형태를 돌아다니면서 작업하기 때문에 운반차량은 필수품이다. 너무 큰 차량은 좁은 골목길에 들어갈 수 없기 때문에 골목길도 들어갈 수 있는 소형 트럭이나 소형 밴이 적당하다. 창업초기에 운영자금이 부족한 경우는 반드시 자차가 아니어도 된다. 장기 렌털을 이용하거나 작업날짜에만 사용하는 렌터카를 이용해도 된다.

유품정리는 단순히 유품을 싣고 오는 작업으로 끝나지 않기 때문에, 싣고 온 유품들을 정리하고 폐기하는 데 언제든지 수시로 이용하려면 아무래도 자차가 유리하다. 1톤 트럭이나 화물 밴 중 하나는 자차로 확보하는 편이 좋다.

1톤 트럭

화물 밴

화물고정끈바

화물을 움직이지 않도록 묶어주는 끈이다. 일반적으로 '바'라고 한다. 화물고정을 잘못하면 운행 중에 짐이 떨어지거나 차량이 전복될 수도 있다. 고정용 끈은 무게를 견딜 수 있고 신축성이 있는 것이 좋다. 반드시 단단하게 고정해야 하는데 화물을 고정하는 방법은 여러 가지가 있다. 유튜브 등에 여러 가지 방법이 나오는데 자기에게 맞는 방법을 숙달시켜 두는 것이 좋다. 짐이 많을 때면 끈이 모자라는 경우도 있다. 항상 예비용으로 고정 바를 1개 정도 싣고 다니는 것이 좋다.

화물덮개호로

화물덮개는 항상 비치하고 다녀야 한다. 화물덮개는 눈비가 오거나 바람이 부는 등 기상악화에 대비하기 위한 것이지만 화물의 날림과 분실을 방지하는 역할도 한다. 일반적으로 '호로'라고도 한다. 당연히 방수기능이 있는 것이 좋다.

운반용 카트

분류를 마친 처리유품을 배출장소 또는 화물차까지 운반하는 데 필요한 물품이다. 냉장고 등 무거운 가전제품을 운반할 때에는 산업용 핸드카, 부피가 있는 물건을 운반할 때는 운반카트, 무겁지는 않지만 잡다한 생활용품을 떨어지지 않게 운반할 때는 롤테이너 바스켓이 유용하게 사용된다.

| 핸드카 | 운반카트 | 롤테이너 바스켓 |

완충재이불, 담요, 에어캡 등

완충재는 유품을 꺼낼 때도 사용되지만 화물차에 옮겨 싣는 과정에서 유품의 손상방지를 위해서도 사용된다. 유품정리 작업 중 물건을 옮길 때는 폐담요, 폐이불, 에어캡 등 완충재를 사용하면 유품들끼리 부딪혀서 깨지는 것을 방지할 수 있다. 대형가구 등을 이동할 때에 완충재를 밑에 깔고 작업을 하면 방바닥에 흠집이 생기는 것을 방지할 수 있다.

사다리차로 물건을 내릴 때에도 창문틀에 완충재를 걸쳐 놓으면 창틀이 망가지거나 유품이 손상되는 것을 방지할 수 있다. 이삿짐센터에서 사용하는 제품커버나 완충재를 눈여겨보면 활용할 점이 많다. 완충재가 부족한 때에는 현장에 있는 폐기물을 활용하는 경우도 있다. 어떤 완충재를 사용할 것인지는 각자의 경험에 따라서 준비하면 된다.

작업에 필요한 포장용구는?

마대자루

포장용 마대자루는 유품정리 중 가장 많이 쓰이는 포장용기이다. 포장용 마대자루는 크기에 따라서 대·중·소로 다양하게 준비하는 것이 좋다. 대형 마대자루100kg 이상는 이불과 같이 부피가 큰 물건을 담을 때 사용한다. 중간크기 마대자루80kg는 주로 의복 등 부피는 크지만 무겁지 않은 물건을 담을 때 사용한다. 중간크기가 가장 많이 쓰이는 마대자루이다. 사기그릇, 유리제품 등 무거운 물건은 소형 마대자루40kg에 담아서 배출한다.

마대자루는 유품을 담을 때 사용하기도 하지만 주로 폐기물이나 청소 쓰레기 등을 편하게 담을 때 사용한다. 마대자루를 열어보지 않고도 내용물이 무엇인지 식별할 수 있도록 재활용품과 폐기물을 구분하는 나름대로의 약속을 하는 것이 필요하다. 예를 들면 폐기물은 완전매듭으로 묶고 재활용품은 풀기 쉬운 매듭으로 묶는 방법이다. 마대자루는 수입품을 많이 쓰는데 주로 중국산이나 베트남산이다. 용도에 따라서 여러 가지를 비축해 놓고 현장 상황에 따라서 사용하면 된다.

운반상자컨테이너 박스

운반상자는 보통 플라스틱으로 만든 철고리 컨테이너를 많이 쓴

다. 자루보다도 컨테이너를 쓰는 이유는 화물차에 겹쳐 실을 수 있고, 내용물의 손상이 없기 때문이다. 컨테이너는 부딪치면 깨지기 쉬운 물건, 부피가 작고 종류가 많은 물건들, 예를 들어 화장실의 생활용품, 냉장고 속의 음식물들, 주방물품 등을 담을 때 이용한다. 컨테이너 박스에 싣고 온 물건들은 밖에서도 내용물이 잘 보이기 때문에 후일 정리하는 데에도 편리하다.

 가장 흔하게 쓰이는 것이 이삿짐센터에서 사용하는 철고리 플라스틱 컨테이너를 많이 사용한다. 철고리 플라스틱 컨테이너는 양쪽에 철고리를 겹쳐놓으면 내용물의 압력을 분산시키면서도 박스를 겹쳐 실을 수 있다. 유품의 분량에 따라서 충분한 양의 컨테이너 박스를 준비하면 된다.

마대자루

양쪽 철고리 플라스틱박스(컨테이너 박스)

비닐봉투

 비닐봉투도 다양하게 준비하면 편리하게 사용할 수 있다. 재질이 두꺼운 특대 비닐봉투는 고독사 등에서 혈액으로 오염된 매트리스 등을 오염물질이 묻지 않도록 포장하는 데 유용하게 사용된다. 또한 비닐봉투는 액체의 유출을 방지하는 데 사용된다. 김치류, 장류 등 액체류, 냉장고 물건은 먼저 비닐봉투에 담은 후에 운반용기에 넣어야 운반 도중 액체가 흘러나오는 것을 방지할 수 있다.

비닐봉투는 유색보다는 투명봉투가 많이 사용된다. 부피가 큰 투명 비닐봉투는 유품정리 과정에서 나오는 플라스틱 등의 분리배출할 때에 내용물을 확인할 수 있어서 편리하다.

종량제 쓰레기봉투

생활 쓰레기를 담는 종량제 쓰레기봉투는 일반 쓰레기용과 음식물 쓰레기용으로 분류되고 배출방법도 다르다. 일단 폐기처리 비용을 들이지 않고 현장배출이 가능하다는 장점이 있다.

지자체마다 사용하는 종량제 쓰레기봉투가 다르기 때문에 미리 구매해서 비치할 필요는 없다. 유품정리 현장이 지자체마다 다르기 때문에, 현장마다 현장에서 발견되는 종량제 봉투를 활용하는 것이 좋다. 종량제 쓰레기봉투는 부족하면 인근의 대형마트나 편의점에서 구입할 수 있다. 종량제 봉투를 구매한다면 작은 것보다는 100L나 50L를 구입하는 것을 추천한다.

QUESTION

작업에 필요한 작업용구는?

장갑 반코팅장갑, 고무장갑, 라텍스장갑

유품정리 작업 중에 장갑 착용은 필수이다. 장갑은 목장갑과 코팅장갑이 있는데 보통은 작업 도중 미끄러지지 않는 코팅장갑을 사용한다. 코팅장갑도 완전코팅장갑과 반코팅장갑이 있는데 보통은 반코팅장갑을 사용한다. 장갑은 소모품이므로 수시로 갈아 낄 수 있도록 충분한 물량을 확보해야 한다.

고무장갑은 주방의 음식물이나 화장실의 물건들을 정리하는 데 주로 사용한다. 손의 크기에 따라서 자신의 손에 맞는 사이즈를 준비해야 한다. 라텍스장갑이나 니트릴장갑도 유용하게 사용한다. 주로 고독사 특수청소 시에 오염물질을 만지거나 닦아내는 데 사용한다. 1회용 비닐장갑을 사용하기도 하는데 오염물질을 일시 만지고 버리는 소모품으로 사용한다.

공구세트

일반적인 가정용 공구세트는 유품정리에 사용되는 공구로는 약간 부족하다. 망치, 전동드라이버, 수동드라이버, 전지가위, 톱, 빠루, 커터 칼, 헤라, 스크레퍼 등이 자주 사용된다.

드라이버는 전자제품을 분해하거나 가구들을 분해할 때 주로 사용된다. 가구 등을 분해할 때에는 큰 힘을 받을 수 있는 전동 드라이버가 필요한데 수시로 충전상태를 점검해야 한다. 좁은 공간에서 사용할 때에는 손잡이가 짧은 드라이버가 유용하다. 바닥의 물건을 뜯어내는 데에는 망치로 내려칠 수 있는 튼튼한 해머드라이버도 유용하다.

망치는 대형가구 등을 분해할 때, 돌침대나 돌식탁을 부수어야 할 때 사용한다. 전지가위는 에어컨 가스선이나 TV선, 가스인입선을 절단할 때 사용한다. 톱은 긴 목재를 잘라내거나 할 때 사용한다. 빠루 등은 안 열리는 문을 열거나 할 때 지렛대용으로 사용한다. 끌개, 커터 칼과 스크레퍼는 바닥에 눌어붙은 오염물질이나 주방에 눌어붙은 기름기를 제거할 때 유용하게 사용된다.

공구세트는 여러 현장을 경험하면서 필요한 것을 추가하면 된다. 공구가 너무 많으면 휴대하기 불편하고 무겁기 때문에 자주 사용하는 공구만을 휴대하고, 자주 사용하지 않는 공구는 차량 등에 보관하고 필요시마다 추가하면 좋다.

QUESTION

작업에 필요한 청소용구는?

기본적인 청소용구

빗자루, 쓰레받기, 걸레 등의 기본적인 청소용구는 항상 준비하고 다녀야 한다. 못 쓰는 수건이나 걸레 등은 현장의 더러운 물질을 닦아낼 때 사용하고 버린다. 통돌이 회전걸레는 준비해 두면 마지막 물청소를 할 때 유용하게 사용한다. 진공청소기, 스팀청소기와 같은 청소기를 사용하기보다는 빗자루로 쓸고 닦는 것이 대부분이다.

주방용 세제, 화장실용 세제, 청소용 세제도 기본적인 것을 준비하면 좋다.

오염물질 제거용 청소용구

바닥에 달라붙은 오염물질을 긁어내는 용구로는 끌개와 커터 칼, 헤라, 스크레퍼가 사용되고 세척용 수세미, 철수세미도 유용하게 사용된다. 처음부터 모든 것을 갖출 필요는 없고 현장 작업을 해나가면서 그때마다 필요한 물품을 구비하면 된다.

제3절

유품정리 작업 단계

QUESTION

작업 단계는 어떻게 흘러가나?

작업 단계의 업무흐름

유품정리는 약속된 날짜에 현장으로 출동하면서 시작해서 현장을 떠나서 회사에 귀임하는 것으로 마무리된다. 대략적인 업무의 흐름을 정리하면 다음의 5단계로 나눌 수 있다.

작업 단계의 업무흐름
① 현장출동: 준비물품확인 → 회사출발 → 현장도착
② 유족접견: 인사 → 작업내용소개 → 1차 유품인계현금, 귀중품, 정서품
③ 유품정리: 작업할당 → 1차 소독 → 유품분리 → 철거 작업 → 포장 및 반출 → 차량운송
④ 청소확인: 청소 → 살균 및 제균 → 탈취 → 퇴실 전 최종확인소유주 입회
⑤ 사후관리: 2차 유품인계 → 사후정산안내 → 유족인사 및 위로 → 현장출발 귀사歸社

출발 전 준비물품확인

평소에 비치해야 할 준비물 목록 이외에 당일 작업현장에서 필요한 물품을 사전 체크한다. 현장 견적에 참가했던 직원이 다시 한번 점검하는 것이 좋다. 유품정리 규모에 따라서 적정한 수량의 운반용구, 포장용구, 청소용구 등을 차에 싣는다. 기상상황을 확인하여 비옷, 우산, 차량덮개 등 기상상황에 맞는 용품을 점검한다. 고독사 등 특수청소가 필요한 경우 현장 상황에 따른 특수청소용구를 점검하고 제반 약제의 충전상태 등을 확인한다.

현장도착 후 주차

준비물품확인이 끝나면 차량이 출발한다. 차량출발 전 연료는 충분한지 탑승인원이 모두 승차했는지 확인하고 목적지를 향해서 출발한다. 이동 도중에 교통상황이 혼잡하여 약속시간에 도착이 어려울 것으로 예상되면 유족에게 중간연락을 취하여 도착예정시간을 안내한다. 이때 주차여건을 물어보고 도착시간에 맞추어 주차장소를 확보하도록 부탁한다. 유족이 입회할 수 없는 경우에는 출입문을 여는 방법을 물어보고, 아파트의 경우 현관문 출입방법 등을 문의하여 미리 알아둔다. 현장에 도착하면 다른 차량의 통행에 지장이 없고, 유품적재가 용이한 장소에 주차한다. 차량접근이 어려운 좁은 골목일 경우 최대한 가깝고 장시간 주차해도 지장이 없는 장소를 물색하여 주차한다. 아파트의 경우 작업차량임을 관리소에 미리 알려두는 것이 좋다.

유족접견 시 유의사항은?

유족에게 인사

현장에 도착하여 유족을 만나면 작업자 대표가 유족에게 먼저 "갑자기 일을 당하셔서 상심이 크시겠습니다. 삼가 심심한 위로의 말씀을 드립니다"와 같은 위로慰勞의 인사부터 건네야 한다. 그러고 나서 "우리는 ○○유품정리회사의 유품정리팀 누구누구입니다"라고 작업자의 신원을 밝히고 인사를 한다.

유품에 대해서도 간단한 예를 올린다. 고인이 현장에 계신다고 생각하고 '아무 걱정하지 마십시오. 저희가 정성을 다해서 깨끗이 해드리겠습니다'라는 마음을 담아 묵념으로 간단한 예를 갖춘다. 며칠 전까지만 해도 고인의 생명을 지탱해 주었던 물건이다. 유품을 소중히 다루는 마음가짐이 필요하다.

작업내용 설명

현장에서의 작업내용을 간단하게 설명한다. 또한 작업 도중에 작업자들의 안전을 위해서 실내에서 신발을 착용하는 것도 미리 양해를 구한다.

당일 작업의 계획에 관하여 작업시간은 얼마나 걸리고 작업종료시간은 언제쯤인지, 작업 중 유족의 입회가 필요한 경우, 또는 작업 후에 최종입회를 요청하는 시간 등을 빠짐없이 알려주고 유족에게 재확인한다.

유품_{보존유품}의 인계

유족이 해야 할 일 중에서 가장 중요한 것은 유족이 상속받아야 할 보존유품의 범위를 결정하는 일이다. 현금, 귀중품, 고인의 신변물품, 앨범, 졸업장 등의 정서유품은 유족들이 미리 챙길 수 있는 시간을 준다. 보존유품 중에서 눈으로 직접 확인이 가능한 전자제품, 가구류, 액자 등은 특정장소로 이동시켜 놓고 처리유품과 구분이 되도록 한다. 부피가 크거나 이동이 어려운 물품은 포스트잇 등을 붙여서 작업자들이 식별하기 쉽도록 한다.

유품정리 과정에서 찾아주기를 희망하는 물품이 있는지 문의해서 꼼꼼히 메모를 한다. 유족이 부탁하지 않더라도 유품정리 과정에서 현금 또는 귀중품이 나오거나 추억으로 보관할 정서품이 나오면 유족에게 추가로 인도하겠다는 것을 주지시키고, 유품과 관련해서 지시받은 메모는 다시 한번 확인한다. 보존유품의 인도1차가 끝나면 유족은 현장을 떠나도 되고 작업자들은 작업에 착수한다.

QUESTION

작업 단계의 업무처리는?

작업할당

유품정리를 시작하기 전에 먼저 작업자별로 작업을 할당한다. 작업할당은 공간적, 시간적으로 할당해야 한다.

먼저 공간적인 할당은 안방, 작은방, 거실, 주방, 신발장, 화장실, 베란다 등으로 할당하는 것이다. 일단은 ① 안방, ② 작은방, ③ 거실, ④ 주방을 할당하고 신발장, 화장실, 베란다는 먼저 작업이 종료된 사람들을 투입하면 된다. 이렇게 공간적인 할당은 후일 유품의 수색이나 파손, 분실 등의 책임소재가 명확하게 되는 장점이 있다. 아무래도 귀중품이나 신변용품이 안방에 많기 때문에 팀장 등 가장 책임이 큰 사람, 가장 경험이 많은 사람이 안방을 담당하는 경우가 많다. 보존유품이 거의 없는 주방, 신발장, 화장실, 베란다 등은 경험이 적고 책임도 작은 신입사원이 담당하는 경우가 많다.

다음은 시간별 작업할당인데 A조가 유품을 포장해서 복도 등에 내어놓는 동안, B조는 포장된 물건을 재활용품 배출장소 또는 차량까지 운반하는 작업을 하고, C조는 재활용품을 인근의 고물상 등에 처리하여 회사로 싣고 갈 폐기물의 양을 줄이는 등으로 작업을 분담하는 경우이다. 작업할당을 하지 않으면 업무순서가 뒤죽박죽이 되고 책임소재도 불분명하게 된다. 공간적 할당이든 시간적 할당이든 작업책임자 팀장가 현장 상황에 맞도록 시의적절하게 배분하는 것이 중요하다.

1차 소독과 환기

유품정리를 시작하기 전에 1차 소독을 실시한다. 고독사 등으로 시신이 부패되었거나 사람이 거주한 지가 오래되는 경우에는 파리 등이 날아다니거나, 음식물의 부패취가 나고, 집안 곳곳에 곰팡이가 피어 있는 경우가 있다. 이 경우에는 작업자들의 위생을 생각해서 작업 전에 1차 소독을 한다.

주의할 점은 해충을 구제하기 전에 창문을 열고 환기부터 시키면 이웃주민에게 피해를 주게 된다. 유해곤충파리 등이 있을 경우에는 먼저 살충제를 살포하여 유해곤충을 퇴치한다. 집안 곳곳에 살균소독제를 분무하고 나서 잠시 기다렸다가 곤충 등의 사체를 모두 처리하고 나서 환기를 시키고 작업에 착수한다.

유품의 분류 및 포장

유품의 분류는 유족 측의 처리방향에 따라서 분류한다.

유품의 1차 분류는 유족 측이 가져갈 보존유품과 유품정리사에게 처리를 의뢰하는 처리유품으로 분류한다. 유품의 2차 분류는 처리를 의뢰받은 처리유품 중에서 현장에서 생활 쓰레기로 배출할 물건, 재활용품으로 배출할 물건, 회사로 싣고 가서 처리할 물건 등으로 분류를 한다.

먼저, 유족에게 인계해야 할 보존유품은 유족면접 시 1차로 인도한다. 유품정리 중 추가로 발견되는 현금, 귀금속, 증서류, 신변용품 등은 한곳에 집합시켰다가 유품정리를 마치고 유족에게 2차로 인계한다.

물품의 반출

가구나 대형 냉장고 등의 경우는 부피가 크기 때문에 먼저 배출하는 것이 작업에 편리하다. 출입문의 사이즈를 확인하여 대형가구나 전자제품이 나갈 수 있는지 확인한다. 출입문으로 배출이 어려울 경우는 모기장을 해체하거나, 문짝을 해체해야 하는 경우도 있다. 대형 냉장고는 문짝을 해체하고 문이 열리지 않도록 청테이프를 붙인 상태에서 배출한다. 평소에 냉장고 문을 해체하고 복원하는 연습을 해둘 필요가 있다.

사다리차를 이용한 배출이 불가능한 경우 엘리베이터를 이용하는 경우도 있는데, 이때에는 관리사무소 등에 미리 알려야 한다. 엘리베이터를 이용하는 경우 주민들의 이용에 불편이 없도록 복도 등에 적재해 두었다가 한꺼번에 반출해야 한다. 계단으로 반출하는 경우 특히 부상에 조심하고 여러 명이 합동 작업을 하는 것이 좋다.

현장에서 처리하지 못한 유품들은 모두 회사로 싣고 와서 처리할 수밖에 없는데, 차량에 적재하기 편리하도록 포장을 해야 한다. 대형 물건들은 운송 과정에서 파손되지 않도록 완충제를 사용한다. 깨지기 쉽거나 부피가 작은 물건들은 물건끼리 부딪치지 않도록 컨테이너에 담아서 배출하고 컨테이너끼리 겹쳐서 적재한다. 깨지거나 다치지 않을 물건들은 대부분 마대자루에 담아서 배출하고 차량의 빈 자리에 실으면 완충역할을 한다.

사다리차의 이용

유품을 반출할 때에는 사다리차를 수배하는 것이 다소의 비용은 들지만 시간과 노력이 절감된다. 사다리차는 시간당 단가로 계산하기 때문에, 계속 대기시키지 말고 차량적재가 가능한 시점에서 작업을 시작한다. 유품정리 작업자와 사다리차 작업자 간에는 손발을 맞추는 의사소통이 중요하다. 사다리차의 끝부분이 창틀까지 올라왔을 때 포장용 접착테이프 등으로 창틀에 단단하게 고정해야 한다. 냉장고, 장롱, 침대, 매트리스 등을 창틀에 들어 올릴 때는 창틀이나 물건에 손상이 없도록 이불 등의 완충제를 사용한다. 무거운 물건을 운반할 때에는 3~4인이 합동으로 작업을 하고 특히 부상에 조심해야 한다. 무거운 물건을 들어 올릴 때에는 팔의 힘을 이용하지 말고 단단히 잡은 후에 다리 힘을 이용하는 것이 수월하다.

사다리차를 통해서 배출하는 물건들은 직접 화물차로 옮겨 실어야 이중 작업이 되지 않는다. 사다리차의 기사와 사전에 소통하여 대략적인 적재방법을 협의하는 것이 좋다. 그 밖의 물건을 적재할 때에도 바람에 날리거나 미끄러지지 않게 적재해야 한다.

폐기물 현장배출

현장에서 생활 쓰레기로 배출이 가능한 물건은 그 지역의 종량제 쓰레기봉투 또는 종량제 음식물 쓰레기봉투에 담아서 현장에서 배출하는 것이 좋다. 대형전자제품, 대형가구, 소파, 침대, 매트리스, 식탁 등의 대형폐기물은 해당 지역의 대형폐기물 스티커를 구매하여

부착해서 배출하고 배출 후 처리업체에 신고해야 한다. 재활용품으로 배출할 수 있는 물품도 가급적 현장에서 배출한다. 종이류, 플라스틱류, 유리병류는 모두 재활용품으로 배출이 가능하다. 플라스틱은 부피가 크고 양도 많이 나오므로 대형 투명비닐봉투에 담아서 지정된 장소에 배출한다.

차량적재 및 운송

대형폐기물, 생활 쓰레기, 재활용품 등 현장에서 처리할 수 있는 물건은 가급적 현장에서 처리하고 나머지는 모두 차량에 싣고 와야 한다. 문제는 싣고 와야 하는 물량이 차량의 적재중량을 초과하는 경우는 분해할 수 있는 물품들은 모두 분해하여 부피를 최대한 줄인다. 폐기물 중에서 재활용품으로 처리할 수 있는 폐섬유의복, 고철류고철과 비철, 폐지서적, 박스 등은 모두 싣고 와서 후일 별도로 배출한다. 그 밖의 폐기물은 용도를 구분하지 않고 모두 싣고 와서 후일에 시간을 두고 정리한다.

제4절

유품정리 업무처리

QUESTION

유품정리의 분류기준은?

보존유품

유품의 1차 분류는 보존유품과 처리유품으로 나누는 것이다. 보존유품이란 상속인이 상속하는 유품을 말한다. 보존유품은 비교적 금전적 가치가 높거나 고인의 삶의 기록물이거나 유족의 입장에서 보존해야 할 가치가 있는 유품을 말한다. 다시 말해서 유족이 가져갈 물건이 보존유품이다. 유품의 1차 분류 권한은 상속인에게 있다. 어떤 유품을 보존할 것인지 처리해야 할 것인지를 결정하는 권한은 전적으로 상속인의 권한이다.

다만, 유족 측에서 유품을 보존할 것인지 정리할 것인지의 판단이 잘 서지 않을 경우에는 전문가인 유품정리사에게 포괄적으로 위임하는 경우가 있다. 하지만 이 경우에도 최종적인 판단은 어디까지나 상속인의 권한에 속한다.

보존유품의 처리는 현금화해서 사용하거나, 유족들 간에 나누어 가지거나, 후대의 유산으로 남겨두기 위해서 보존하거나 그 처분은 상속인들이 결정할 사항이고 유품정리사가 관여할 일은 아니다.

처리유품

유족 등이 유품정리업자에게 처리를 의뢰한 유품을 처리유품이라 한다. 먼저 상속인이 보존유품을 선별하고 나서 남은 유품의 처리에 대해서는 유품정리사에게 위임하는 구조로 되어 있다. 유품정리사는 처리유품을 선별, 포장, 반출하는 과정에서 추가로 발견된 보존유품 이 있으면 유족에게 2차로 인도한다. 처리유품은 유품정리사의 주도 하에 매각, 기부, 소각하거나 폐기를 의뢰받은 유품을 말하고 사실상 유품정리의 대상이 되는 업무이다.

처리유품의 처리는 1차로 현장에서 생활 쓰레기로 배출하고, 2차 로 회사로 가지고 와서 재활용품으로 처리하거나 재판매하거나 폐기 물로 처리하는 것으로, 유품정리사의 업무영역에 속한다.

QUESTION

보존유품은 어떤 것이 있나?

금전 등 현금성 자산

금전이란 현금통화現金通貨를 말한다. 현금통화는 강제통용력을 가지는 화폐를 말하며 특수한 동산으로서 금전의 액면 가치 그 자체이기 때문에 동산의 일종이긴 하지만 민법상 동산의 규정이 적용되지는 않는다. 금전을 유품이라고 할 수는 없지만 상속권자의 소유에 속하기 때문에 반드시 유족의 소유에 속한다. 자기앞수표와 같이 현금으로 취급되는 유가증권은 현금에 준하여 처리해야 한다.

지갑에 들어있는 금전은 의심을 받지 않도록 손대지 말고 즉시 지갑째로 돌려주는 것이 좋다. 유품정리 과정에서도 지폐 또는 동전 등이 발견되는 경우가 있는데, 이 경우에도 의심을 받지 않으려면 발견 즉시 알려주고, 유족이 없으면 비닐봉투 등 잘 보이는 공개된 장소에 모아두었다가 봉투째로 유족에게 인계해야 한다.

또한, 소액의 동전 등의 경우에는 쓰레기와 함께 담아서 버리는 경우가 있는데, 이는 안 될 일이다. 동전도 법화法貨로서 국가에서 예산을 들여서 만든 것이다. 하찮은 동전이라도 법화를 쓰레기 취급하는 것은 잘못된 것이다. 귀찮더라도 반드시 주워 담아서 다시금 화폐의 기능을 하도록 해야 한다.

귀중품귀금속 및 보석류

금金, 은銀 등 귀금속류 및 보석류는 언제든지 현금화가 가능한 동산으로서 사실상 현금처럼 취급을 받는다. 고인의 귀중품이나 보석은 가치가 높고, 종종 상속과 분배의 대상이 되기 때문에 정확한 기록과 관리가 필요하다. 유족들이 요구하지 않더라도 현금에 준해서 취급해야 한다. 유족이 충분하게 수색을 한 이후에도 유품정리 과정에서 추가로 발견되면 한곳에 모아서 유족에게 반환해야 한다. 혹시 모를 분실 등에 대비하여 촬영하여 인계하는 것도 좋은 방법이다.

유언장법적효력이 있는 서류

유언장은 상속과 관련된 중요한 문서이므로 유품정리사가 가지고 있으면 안 된다. 고인의 유언은 법적 효력을 가지므로 정확히 보관하고 필요한 절차를 따라야 한다. 유언장이 있을 경우 그것을 공개하고 실행하는 과정이 중요하다. 자필증서 유언장의 경우에는 변조를 방지하기 위해서 가정법원의 검인을 받도록 하고 있다. 간혹 유언장을 찾아달라는 부탁을 받기도 한다. 유언장이 발견되면 발견 즉시 유족에게 연락하고 변호사나 법무사와 상담하여 처리하도록 한다.

부동산 등 권리증서류

부동산에 관한 권리증서, 임대차 계약서 등 고인의 부동산에 관련된 법적 문서도 중요한 유품으로, 상속 및 소유권 이전을 위해 세심한 처리가 필요하다. 등기부등본 등 권리증은 재산상속과 관련된 서류로 의뢰인이 중요하다고 느끼기 때문이다.

유족들은 상속등기 시에도 소유권 이전처럼 권리증서가 필요한 것으로 알고 권리증서를 찾아달라는 부탁을 받기도 한다. 하지만 상속은 승계취득이 아니라 원시취득이기 때문에 권리증서가 반드시 필요한 것이 아니라 상속원인을 증명하면 된다. 하지만 유족들이 어떤 부동산이 있는지를 보고 재산상속여부를 판단할 수 있도록 유족에게 인계하는 것이 좋다.

예금통장 등 금융증서류

은행 통장, 예금증서, 보험증권, 신용카드 등은 고인의 금융 자산에 관한 중요한 정보를 담고 있어 적법한 절차에 따라 상속자에게 전달해야 한다. 피상속인의 주식, 채권, 예금 등 금융 자산은 부동산과 마찬가지로 상속절차를 통해서 상속이 되기 때문에 피상속인과 상속인의 관계가 증명되면 피상속인의 금융 자산을 일괄 조회할 수 있고, 통장이나 증서류가 상속에 필요한 서류는 아니다. 다만 상속인 등이 예금통장이나 증서를 보고 예금의 금융 자산의 존재를 알 수 있도록 금융증서류도 한군데 모아서 유족에게 전달하도록 한다.

휴대폰 등 개인의 신변물품

유품정리를 할 때 휴대폰은 무조건 유족에게 인계한다. 휴대폰의 경우에는 사망사실을 모르고 연락이 올 수도 있으므로 당분간 해지하지 말고 보관할 필요가 있다. 다만, 휴대폰을 해지한 이후에는 휴대폰 속에 개인정보가 대량으로 저장되어 있으므로 개인정보에 관한 계정폐쇄와 함께 데이터를 완전히 삭제하거나 초기화하고 나서 폐기해야 한다.

고인의 주민등록증, 여권, 운전면허증, 연금증서 등의 신분 관련 서류는 고인의 사망 이후에는 아무런 법적효력이 없다. 그 밖에 훈장, 포장, 자격증, 상장, 졸업증서 등도 일신전속권을 나타내는 증서

이기 때문에 상속인에게 상속되지 않는다. 그러나 고인의 신분증주민
등록증, 여권, 운전면허증 등이나 신용카드신용카드, 회원증 등에도 민감한 개인
정보가 포함되어 있기 때문에 반납하거나 유족이 철저하게 보관 또
는 파기해야 한다.

종교적이거나 취미에 관한 물건도 그 가치를 존중하면서 처리해야
할 필요가 있다. 유족으로서는 고인의 업적을 기리고 추모하는 물건
으로 보관할 필요가 있기 때문에 휴대폰, 신분증, 종교적인 서류, 취
미용품은 한곳에 모아서 유족에게 인계하는 것이 좋다.

사생활용품, 정서적 용품

일기장과 편지도 개인의 사생활이 담겨 있는 물건으로, 가족 간의
합의를 통해 처리해야 한다. 직접 사용하던 안경, 목걸이, 라이터, 지
갑, 지팡이 등 신변용품이 발견되면 유족에게 제시하여 판단을 받도
록 한다. 고인이 사용하던 물건인 옷, 악기, 책 등 고인이 직접 사용
하던 물건은 개인의 추억과 관련되어 신중하게 처리해야 한다. 사진,
앨범과 같이 가족 구성원 간에 소중하게 간직하고 싶은 물건도 보존
유품으로 분류하여 유족들 간에 각자 나눠 갖도록 하는 편이 좋다.

골동품, 취미용품

골동품이나 취미용품은 당사자 이외에는 그 가치를 알 수가 없다.
만일 값이 나가는 골동품이 있다면 본인이 생전에 생전정리를 통해서
현금화해 두는 편이 좋다. 취미용품도 역시 마찬가지이다. 본인 이외

에는 취미용품의 가격을 정할 수가 없다. 이 경우에도 생전정리를 통해서 생전에 현금화해 두면 좋다. 부득이 상속을 시키고자 한다면 유언서 또는 인생노트에 그 뜻을 적어서 기록을 남기는 것이 좋다.

유품정리 과정에서 유족으로부터 골동품이나 취미용품의 정리를 위탁받으면 사실상 유족이 느끼는 가격으로 처분이 가능한 경우는 거의 없다. 가급적이면 보존유품으로 분류하여 유족 측에서 직접 처분하도록 권유하는 편이 좋다.

의약품 및 약물, 반려동물

고인이 사용했던 약물이나 의약품은 특히 주의해야 한다. 일부 약물은 규제된 물질일 수 있기 때문에 적절하게 폐기하거나 처리해야 한다. 병원에서는 의약품을 의료폐기물로 처리해야 하지만, 가정에서 발견되는 의약품은 의료폐기물로 처리할 의무는 없고, 생활 쓰레기로 처리하면 된다.

살아있는 반려동물은 유족에게 인계하는 것이 원칙이다. 만일 처리유품으로 데려오게 되면 정리하기까지 엄청난 시간과 노력을 소요하게 된다.

QUESTION

유품정리 철거 작업은 어떤 것이 있나?

TV와 냉장고 등

TV 등의 전자기기를 철거할 때에는 화면이 다치지 않도록 조심해서 철거한다. 요즈음에는 벽걸이 TV가 많은데 먼저 TV 연결선을 모두 철거하고 나서 마지막으로 벽걸이 브라켓_{벽걸이 판}의 나사를 풀고 TV를 떼어낸다.

TV 공유기와 셋톱박스는 대부분 통신사 소유이므로 철거하면 안된다. TV와 모니터는 화면이 다치지 않도록 완충제로 포장해서 따로 이동한다. 음향기기 등의 전자제품도 마찬가지로 완충제로 포장해서 반출한다. 모든 전자제품의 리모컨은 본체와 함께 테이프로 붙여서 이동한다.

냉장고의 경우에는 냉장고 속의 음식물을 모두 비운 뒤에 전선을 뽑고 반출을 시도한다. 냉장고 운반 중 문짝이 열리거나 전선이 끌리는 것을 방지하기 위해서 문짝과 끈을 포장용 접착테이프로 고정한 후에 이동시킨다. 냉장고의 문짝을 분리해야 하는 경우도 있는데 전자제품 지식이나 경험이 많은 사람이 전담하는 것이 좋다.

에어컨과 실외기

에어컨을 옵션이 아니라 자비로 설치한 경우에는 에어컨도 철거해야 하는 경우가 많다. 먼저 에어컨 실외기에 연결된 서비스밸브캡

2개고압밸브와 저압밸브의 뚜껑을 열고 밸브 속에 있는 육각렌치 홀을 육각렌치로 잠근다. 육각렌치로 가스밸브를 잠그고 잔여가스를 회수한 후에 배관을 해체한다. 실외기의 배관을 절단하는 경우도 있는데 이때 남아있는 냉매가 분출되면서 가스 새는 소리가 난다. 냉매가스가 다 분출되고 실외기와 에어컨이 분리된 이후에 전선을 분리하고 에어컨과 실외기의 철거 작업을 진행한다.

에어컨 실외기는 보통 베란다 쪽의 외부에 실외기 거치대를 설치한 경우가 대부분이다. 실외기는 무겁기 때문에 혼자서는 들어 옮기기 어렵다. 단단한 끈으로 실외기를 포박한 다음에 여러 명이 함께 들어 올리는 것이 안전하다.

에어컨의 철거는 회사마다 다르고 전문적인 기술을 요하는 작업이다. 유튜브 등에서 에어컨 철거방법을 검색해서 작업내용을 숙지하는 것이 좋다. 에어컨 철거 경험이 있는 사람의 철거 작업을 보고 충분히 숙지한 후에 철거 작업을 진행해야 한다.

PC와 인터넷

PC 속에 보관된 데이터나 사진 등을 삭제한 후에 PC 본체 등을 가져가야 하지만 PC 본체나 하드디스크를 유족이 가져가는 경우를 거의 보지 못했다. PC, 태블릿, 노트북이 있다면 로그인 비밀번호 등이 있는지 있으면 메모를 해서 함께 수거하는 것이 중요하다. 노트북이 신형이라도 비밀번호가 없는 본체는 쓸모가 없다.

PC 또는 태블릿, 노트북 속의 데이터를 정리해서 고인의 흔적을 지워주어야 하지만 물리적인 서비스를 주 업무로 하는 유품정리회사에서는 감당할 수 없는 내용이기에 일단은 일단 하드웨어만 정리하는 것으로 한다. 안타까운 현실이지만 가지고 온 PC 등이 재활용되는 경우는 거의 없고 모두 고물로 처리된다.

인터넷 모뎀과 와이파이 공유기는 통신사 소유이기 때문에 그대로 남겨 두어야 한다.

도시가스

유품정리 현장에서 도시가스를 사용하는 경우 도시가스의 철거는 아무나 할 수 없고 반드시 도시가스사업법에 따른 자격자가 할 수 있다. 그 지역의 도시가스 공급업체에 연락해서 도시가스 회사의 전문기사가 직접 가스밸브 잠금 작업을 하도록 한다. 이때 밀린 도시가스 요금이 있으면 선지불하고 후에 유족에게 정산을 받는다. 도시가스 밸브를 봉인한 후에 가스레인지를 철거하면 된다.

QUESTION

처리유품의 반출은 어떻게 하나?

생활폐기물로 배출

보존유품을 분리하고 나면 남는 유품이 모두 처리유품의 대상이 된다. 처리유품은 폐기물 배출기준에 따라서 포장방법을 달리해야 한다. 폐기물은 생활폐기물과 사업장폐기물로 크게 나뉘는데 사업장폐기물을 제외한 모든 폐기물이 생활폐기물에 해당한다폐기물관리법 제2조제2호. 생활폐기물은 보통 가정용폐기물이라고도 하는데 배출방법에 따라서 다음과 같이 분류한다.

현장배출이 가능한 생활폐기물	
종량제폐기물	가정에서 발생하는 가연성 일반 쓰레기로, 종량제봉투에 담아 배출한다.
재활용폐기물	폐플라스틱, 폐캔, 폐유리병, 폐지, 폐비닐 등 재활용이 가능한 쓰레기는 재활용 쓰레기로 분리하여 배출한다.
대형폐기물	가구, 가전제품 등 대형폐기물처리업소를 통해서 수거하는 폐기물로 폐기물 배출 스티커를 부착하여 배출한다.
소형가전폐기물	소형가전제품은 다른 재활용 쓰레기와 함께 배출 가능하다.

고물상폐기물처리업체을 통한 배출

일반적으로 고물상폐기물처리업체에서 매각할 수 있는 물건을 말한다. 현장에서 처리하지 못한 재활용품은 이러한 배출을 염두에 두고 포장과 반출을 한다.

우리나라의 고물영업법은 1962년 제정되어 1993년에 폐지되었는데, 이 법에서는 '고물상'이라고 했기 때문에 지금도 통칭 고물상이라고 부르고 있다. 지금은 폐기물관리법 제25조 및 제46조 제1항 제2호 및 폐기물처리 신고업무 처리지침환경부예규 제605호에 따른 허가 또는 신고를 해야 하는데 이 법에서는 '폐기물처리업자'라고 한다.

폐기물처리업자는 "다른 사람의 폐기물을 재활용하거나 수집·운반하는 사람"을 말한다.

폐기물처리업자가 수집하는 폐기물은 아래와 같다. 업체마다 수집하는 기준과 가격이 다르고 수집하는 품목도 다르기 때문에, 폐기물을 처리하는 과정에서 경험으로 축적하는 수밖에 없다.

폐기물처리업자의 주요 수집대상			
구분	1. 폐지	2. 폐섬유	3. 고철, 비철	4. 폐전선 등
내용	서적, 신문지, 박스 등	의류, 신발 등	철, 동, 신주, 알루미늄, 스테인리스 등	구리 등 전선류
비고	비닐 등 제거	이불, 내복, 슬리퍼, 털신 등 제외	고철과 비철 분리매각	충전케이블 제외

재판매 또는 기부

처리유품 중에서 일반적으로 사용가능한 유품들은 여러 가지 방법으로 재판매하거나 기부한다. 재활용센터는 중고물품의 교환과 재사용 가능한 대형폐기물의 재활용을 촉진하기 위한 시설이다. 재활용센터의 법적 근거는 자원의 절약과 재활용촉진에 관한 법률 제13조의 2에 따라서 특별자치시장, 시장, 군수, 구청장은 재활용센터를 설치하고 운영해야 한다.

보통은 재활용센터에 배출하기보다는 당근마켓과 같은 플랫폼을 이용해서 재판매하거나, 필요한 사람에게 기부하기도 한다.

폐기물로 배출일반폐기물

사업장폐기물은 사업장에서 발생하는 쓰레기, 소각재, 오니, 폐유 등의 물질을 말한다.

사업장폐기물은 건설폐기물, 의료폐기물과 같은 지정폐기물이 있고 그 밖에 일반폐기물이 있다. 일반폐기물은 생활폐기물보다 규모가 크기 때문에 처리 비용이 많이 든다. 일반폐기물의 처리 비용은 톤당t당 요금으로 부과되는데 업체마다 조금씩 차이가 난다.

철수 단계의 업무처리

QUESTION

마무리 청소는 어떻게 하나?

마무리 청소

간단한 탈취·제균을 실시하고 나면 마무리 청소를 한다. 거실과 안 방 등은 빗자루로 쓸어내고 물걸레질을 한다. 보통은 통돌이 회전걸 레로도 잘 닦여진다. 주방에서 물 공급이 잘 안 되는 경우 화장실의 물을 받아서 사용한다. 물걸레질은 방 안쪽에서부터 해 나온다. 물걸 레질을 한 이후에 발자국이 남지 않도록 하기 위함이다.

고독사 등 시신이 오래 머물렀던 장소라면 특수청소, 그 밖의 장소 라면 일반청소로도 가능하다. 아무래도 유품정리에 여기저기 어질러 진 쓰레기들이 많기 때문에 진공청소기를 사용하기는 어렵다. 재래 식 방법인 빗자루로 쓸어내는 것이 효율적이다.

물청소

화장실에 오래된 변기가 있을 경우 세제를 풀어서 수세미로 닦아 주거나 강력분사기로 청소하기도 한다. 주방의 싱크대 주변에도 세제를 묻혀서 수세미로 닦아낸다.

베란다, 다용도실 등 오랫동안 비워둔 장소는 물청소를 실시한다. 수도꼭지를 틀어놓고 물을 분사해 가면서 안쪽부터 청소를 해 나온다.

QUESTION

청소세제에는 어떤 것이 있나?

중성세제

중성세제는 pH 6~8을 가리키며 수용액 중 중성을 나타내는 합성 세제의 총칭이다. 특징으로는 인체에 무해하여 주방, 식기도구 등 오염제거에 사용된다. 피부에 부드럽지만 세정력이 약해 평소 사용하는 세제가 중성세제로, 주방에서 식기세제로 많이 사용한다.

산성세제

산성세제는 pH 1~6 수치를 가리키며 불산, 염산, 인산, 붕산 등 산성을 띤 물질이다. 산 성분이 들어가 있기 때문에 사용할 때에는 피부에 직접 닿지 않게 고무장갑을 착용해야 되며, 염소계 표백제락스와 함께 사용하면 염소가스가 발생되어 인체에 유해하다.

산성세제는 알칼리성 오염을 제거하기 위해 만들어진 제품이다. 대부분 화장실 오염들이 알칼리성을 띠고 있어서 주로 화장실 청소에 사용된다. 대표적으로 천연세제로 사용되는 식초, 구연산 등이 있다.

약산성세제보다는 산성세제가 오염을 잘 제거하기 때문에 찌든 때 제거용으로 추천한다. 시판 세제는 '화장실용', '주방용' 등으로 판매되고 있지만 주방용을 화장실 청소에 사용해도 문제없다. 다만, 산성세제는 성분 특성상 스테인리스나 인공대리석 등에 장시간 닿게 되면 변색되고 대리석을 용해할 위험이 있으니 스테인리스나 대리석에는 사용하지 않는 것이 좋다.

알칼리성세제

알칼리성염기성세제는 pH 8~14 수치를 말하며, 염기성과 같은 특징을 가지고 있다. 산성과 반대의 물질로, 중성세제보다 세정력이 뛰어나 비누와 표백제로 많이 사용된다. 대표적으로 베이킹소다, 과탄산소다가 알칼리성세제이다.

알칼리성세제도 농도 수치가 높으면 인체에 유해하여 꼭 고무장갑을 착용하여 피부에 닿지 않게 해야 되며 산성세제와 마찬가지로 염소계 표백제락스와 혼합하면 염소가스가 발생하니 주의하여 사용해야 된다.

또한 곰팡이 제거에 전용 곰팡이 제거제를 사용하는 사람이 많은데, 곰팡이균을 분해해 제거하는 성분인 '차아염소산나트륨'은 염소계 표백제에도 포함되어 있다. 그래서 같은 성분이 포함된 주방용 염소계 표백제 등을 사용해도 곰팡이를 제거할 수 있다. 주의할 점은 염소계 표백제와 산성세제를 섞으면 매우 유독한 염소가스가 발생한다는 것이다. 결코 섞으면 안 되고 동시에 같은 곳에 사용해서도 안 된다.

QUESTION

퇴실 전 최종확인은 어떻게?

유품의 추가인도

유품정리와 청소를 모두 마치면 최종적으로 유족의 확인을 받는다. 유품정리 과정에서 추가로 발견된 현금이나 귀중품 등 보존유품은 추가로 유족에게 인도한다. 이때 혹시 분실된 물품이 없는지 다시 한번 확인을 시킨다. 추가인도 유품이 없거나 유족이 인수를 거절하는 경우 강요하지 말고 회사로 가져와서 후일 폐기처리한다.

퇴실 전 최종확인

소독 및 살균, 일반청소까지 완료하면 퇴실 전에 최종적으로 의뢰인의 확인을 받는다. 의뢰인이 건물 소유주가 아닌 경우에는 별도로 건물 소유주 또는 관리사무소의 확인을 받는다. 유품정리 후에 옵션이나 분실된 물건은 없는지, 추가로 정리해야 할 물건이 없는지, 청소나 소독 업무에서 추가 서비스가 필요한지 최종확인을 받는다.

사후정산안내

유품정리의 모든 절차를 마치면 의뢰인과 최종 비용정산을 하게 된다. 요즈음은 보통 현금으로 결제하는 경우는 드물다. 견적서에 기재된 금액과 회사의 계좌번호를 안내하거나, 회사의 계좌번호가 기재된 명함이나 청구서를 제출하여 계좌입금을 안내한다. 영수증이나 세금계산서 발행에 필요한 주소와 성명, 주민등록번호 등을 받아둔다. 계좌에 입금된 것을 확인하면 영수증 또는 세금계산서를 발행하여 이메일이나 카카오톡으로 송부한다. 영수증을 발행해 두면 후일 부가가치세 신고 시 유용하게 사용된다.

유족인사 및 열쇠인계

유품정리의 마지막 절차는 유족과의 인사이다. 유족에게 다시 한번 위로의 말씀을 전하고 슬픔을 함께한다. "슬픔을 잘 이겨내시고 앞으로도 건강하고 평안한 나날 보내시길 바랍니다"와 같은 인사말을 한다. 유족분들의 감정을 존중하고 섣부른 조언은 피하는 것이 좋다. 출입문 열쇠 등은 미리 챙겨 놓았다가 유족과 인사를 마치면 건네준다. 유족과 인사 후, 유족이 직접 출입문을 잠글 수 있도록 현장을 먼저 떠난다.

제6편

특수청소관리사 직업탐색

핫한 직업
유품정리사
특수청소관리사

특수청소관리사 직업탐색

01
QUESTION

특수청소는 어떤 직업군이야?

한국표준산업분류

한국표준산업분류는 통계법에 근거하여 통계청에서 고시하고 있다. 최근의 한국표준산업분류는 2024.7.1.자 전부개정분이다통계청고시 제2024-203호, 2024.4.30.

1963년 제정된 한국표준산업분류는 수차례의 개정을 거쳤는데, 이번에 제11차개정은 국제표준산업분류ISIC, 북미, 유럽 등 주요국 산업분류 관련 자료를 참고하고 미래성장산업을 반영하였다.

건축물 일반 청소업74211

건축물 일반 청소업은 대분류: 사업시설 관리 및 조경 서비스업N74, 중분류: 건물·산업설비 청소 및 방제 서비스업742, 소분류: 건물 및 산업설비 청소업7421, 세분류: 건축물 일반 청소업74211으로 분류되고 있다.

세세분류	74211	분류명(한글)	건축물 일반 청소업
		분류명(영문)	General cleaning of buildings
설명			주거용, 상업용 또는 산업용 건물의 내부 및 창문을 청소하는 산업활동 〈예시〉 • 건물 창문 청소, 건물 외부 청소, 공중 전화시설 청소, 구내 청소 대행 • 바닥 청소 및 광택 내기, 내부 벽 청소 〈제외〉 • 건물 외부에 대한 증기 청소 및 건축활동이 완료된 후 신축 건물에 대한 정리활동42499, 산업설비, 운송장비 또는 공공장소 청소74212 • 카펫, 바닥깔개, 가리개 및 커튼 세탁9691, 개인 가정 고용인의 청소활동97000, 하수도관 및 하수 처리시설 등 관련 시설 청소37011

소독, 구충 및 방제 서비스업74220

소독, 구충 및 방제 서비스업은 세분류: 소독, 구충 및 방제 서비스업 7422, 세세분류: 소독, 구충 및 방제 서비스업74220으로 분류되고 있다.

세세분류	74220	분류명(한글)	소독, 구충 및 방제 서비스업
		분류명(영문)	Disinfecting, exterminating and pest control services
설명			건물, 가구 및 기기 등을 소독, 구충 및 방제하는 산업활동을 말한다. 〈예시〉 • 건물 해충 구제 서비스, 선박 소독 및 살균 서비스 • 화장실 위생 소독 서비스, 훈증 소독 서비스 〈제외〉 • 농작물 해충 구제 서비스01411

특수청소에 별도의 허가가 필요해?

특수청소업의 근거법은 공중위생관리법이다

특수청소를 직접 규율하는 법률은 공중위생관리법법률 제20210호, 2024.2.6.일부개정이다. 이 법에서 '건물위생관리업'이라 함은 '공중이 이용하는 건축물·시설물 등의 청결유지와 실내공기정화를 위한 청소 등을 대행하는 영업'을 말한다제2조제1항7호. 건물위생관리업을 하는 자는 사용장비 또는 약제의 취급시 인체의 건강에 해를 끼치지 아니 하도록 위생적이고 안전하게 관리하여야 한다제4조 제6항.

건물위생관리업 신고가 필요하다

건물위생관리업은 허가제가 아니고 신고제이다. 건물위생관리업 을 신고하려는 자는 같은 법 제17조제2항의 규정에 따른 위생교육 을 미리 받고 교육필증을 첨부하여야 하는데, 현재 건물위생관리 공 중위생관리자 교육은 사단법인 한국건물위생관리협회에서 주관한 다. 공중위생관리자 교육과는 별도로 공중위생영업의 종류별 시설 및 설비기준공중위생관리법 시행규칙 제2조, 별표1을 갖추어 관할 구청보건소에 신고해야 한다.

건물위생관리업의 시설 및 설비기준(공중위생관리법 시행규칙 별표1)
가. 건축물 바닥을 닦고 광택을 내는 지름 25cm 이상의 마루광택기를 2대 이상 비치하여야 한다. 나. 진공청소기집수 및 집진용를 2대 이상 비치하여야 한다. 다. 업무수행에 필요한 안전벨트·안전모 및 로프를 갖추어야 한다. 라. 먼지, 일산화탄소, 이산화탄소를 측정하는 측정장비를 갖추어야 한다. 다만, 「건축법」 제2조제2항에 따른 업무시설 용도의 건축물로서 연면적 3천제곱미터 미만의 건축물 또는 같은 조 같은 항에 따른 2 이상의 용도에 사용되는 건축물로서 연면적 2천제곱미터 미만의 건축물을 청소하는 경우에는 그러하지 아니하다.

QUESTION

특수청소업 소독업도 신고해?

소독업의 근거법은 「감염병의 예방 및 관리에 관한 법률」이다

유품정리사가 특수청소 현장에서 작업할 때에는 혈흔과 부패물의 제거, 공중 위생관리, 소독 및 방역, 해충제거제충, 냄새제거제취와 같은 위생관리를 전문적인 업무로 하게 된다. 당연히 감염병의 예방 및 관리에 관한 법률에 따른 절차를 준수해야 한다.

소독업자는 소독업 신고가 필수적이다

소독을 업으로 하려는 자는 보건복지부령으로 정하는 시설·장비 및 인력을 갖추어 시장·군수·구청장에게 신고하여야 한다제52조제1항.

소독업의 시설·장비 및 인력기준은 보건복지부령으로 정하고 있다감

염병의 예방 및 관리에 관한 법률 시행규칙 별표8.

소독업의 시설·장비 및 인력 기준(시행규칙 별표8)
1. 시설: 사무실 및 사무실과 구획된 창고를 갖추되, 창고시설은 다음 각 목의 기준에 따른다. 　가. 사람이 생활하는 장소와 구획되어야 한다. 　나. 환기 및 잠금 설비가 있어야 한다. 2. 장비 　가. 휴대용 초미립자살충제 살포기 1대 이상 　나. 휴대용 연막소독기 2대 이상 　다. 삭제 〈2014.12.31.〉 　라. 수동식 분무기 3대 이상 　마. 방독면 및 보호용 안경 각각 5개 이상 　바. 보호용 의복상·하 5벌 이상 　사. 진공청소기 등 청소 및 소독에 필요한 기계·기구 3. 인력: 대표자 외에 소독 업무 종사자 1명 이상

QUESTION

특수청소 사업자등록은 어떻게?

국세청 업종코드

국세청에는 사업자등록을 해야 한다. 국세청에 신고할 때에는 당

연히 국세청의 업종코드를 써야 하는데, 고독사 특수청소와 관련된 업종은 일반적으로 건물위생관리업, 청소대행업, 청소용역업, 소독업 등의 용어를 혼용해서 쓰기 때문에 어느 것이 맞는지 알기 어렵다.

건축물 일반 청소업과 소독, 구충 및 방제 서비스업

국세청에서도 매년 한국표준산업분류표에 맞추어서 업종코드를 연계하고 있는데, 국세청의 업종코드는 건축물 일반 청소업749300 과 소독, 구충 및 방제 서비스업N749302을 함께 등록한다.

제2절

특수청소관리사

QUESTION

특수청소 전문가가 왜 필요해?

전문업체에 대한 수요

다사사회에 진입하면서 고독사의 증가와 자살자의 증가까지 덩달아 늘어나는 추세에 있다. 사망자 수의 증가에 따라서 '특수청소관리사'라는 전문직업이 필요한 현장이 계속 늘어나고 있다.

냄새가 진동하고 구더기가 들끓는 현장을 생각하면 아무나 할 수있는 일은 아니다. 하지만 누군가는 해야만 할 일이다. 아무나 할 수없는 일이기 때문에 전문업체를 찾는 수요는 높아질 수밖에 없다.

비전문가의 폐해

특수청소관리사라면 당연한 절차이지만, 주위에 대한 배려 없이현장에 입실하자마자 창문부터 열어젖히는 잘못된 행동을 하는 사람도 분명히 있을 것이다. 사람의 죽음이 관련된 현장에서는 이상한 냄새는 물론이고 구더기나 은파리 등의 벌레가 대량 발생하며, 형태를 알 수 없는 얼룩이 그대로 남아 있는 경우도 있다.

전문가라면 당연히 해야 할 일, 즉 해충구제와 살균 작업 후에 창문을 열어서 이웃에 피해를 주지 않는 일을 소홀히 하는 비전문가의 폐해 때문에 전문가인 특수청소관리사를 필요로 한다.

악덕업자의 존재

특수청소는 시간도 많이 걸리고 비용도 많이 들기는 하지만 아무런 설명도 없이 고액청구하는 업체, 견적과 다르게 청구하는 악덕업체도 분명히 존재한다. 특수청소업계에서는 업무별로 어느 정도의 비용이 드는지 기준이 거의 없고, 또 작업에 사용되는 약품이 어떤 효능과 효과를 발휘하는지 모르는 분들이 많다. 일시적인 효과밖에 없는 탈취제를 사용할 경우, 잠시 냄새가 없어지지만 시간이 지나면 다시 냄새가 나기도 한다.

특수청소 작업 시작 전에 '작업범위는 어디까지이고, 금액은 어느 정도인지'를 명확하게 해야 한다. 특수청소의 수요가 높아지는 가운데 적법하게 제대로 업무수행을 하는 업체가 필요한 이유이다.

QUESTION

특수청소관리사는 어떤 자격이 필요해?

상황판단 전문가

상황에 적합한 설명은 당연한 일이라고 생각할 것이다. 특수청소관리사는 방 안 상황을 살펴보고, '어떤 작업이 필요한지, 자신들이 할 수 있는 일은 어디까지인지, 어떤 작업부터 해야 하는지'의 상황판단을 할 수 있어야 한다.

이상한 냄새를 풍기는 방 안에서 작업하기 위해서는 어느 정도의 탈취는 먼저 해야 한다.

또한 마룻바닥이나 벽지 등에 어느 정도까지 부패액이 침투해 있는지를 보고 어디까지 작업을 할 수 있는지를 알아야 한다. 필요에 따라서는 마루를 뜯어내거나 벽지를 교체해야 하는지 추가로 리모델링 공사가 필요한지 하는 점을 설명할 수 있어야 한다.

특수청소관리사의 입장에서는 크게 거슬리지 않는 냄새라도 의뢰자 입장에서는 거슬리는 냄새가 될 수 있다. 또한 탈취 업무를 할 때, 그 자리에서는 냄새가 나지 않더라도 시간이 지남에 따라 냄새가 다시 나는 경우도 있으므로 이 점을 의뢰인에게 미리 설명해 두어야 한다.

특수청소의 상황설명이 의뢰인의 판단에 매우 중요하기 때문에 그 상황설명과 특수청소의 효과까지도 충분하게 설명해야 한다. 의뢰자가 어느 수준까지는 이해하고 업무를 의뢰할 수 있도록 충분히 설명할 수 있는 능력이 필요하다.

약품취급 전문가

탈취나 살균, 기타 약품을 사용할 때 새로운 약품을 취급하는 경우에는 '취급 주의사항'을 확실히 이해한 후 활용할 수 있어야 한다. 시중에서 판매되고 있는 약품은 여러 가지가 있다. 그중에서 어떤 약품이 효과가 큰지는 개별적인 판단이지만 약품의 사용법과 용도를 잘못하면 가구가 변색이 되거나, 농도가 너무 강하면 인체에 영향을 주고, 최악의 경우에는 자신의 건강을 해칠 위험성도 내포하고 있다.

또한 약품은 보존 상태에 따라서 탈취효과의 성분이 희석될 수도 있고, 취급을 잘못하면 탈취 후에 계속해서 방을 사용하는 사람의 생활에 영향을 줄 수도 있기 때문에 약품의 전문가가 되어야 한다.

위생관리 전문가

특수청소관리사는 자신의 몸을 지키는 자기방어가 매우 중요하다. 약품취급 문제 하나만 놓고 보더라도 살균소독제, 냄새제거제는 모두 인체에 미치는 영향이 큰 약제이다. 의뢰인을 위해서 하는 일이기는 하지만 인체에 해를 끼치는 약품을 사용하는 경우가 대부분이다. 특수청소 업무는 특수청소 그 자체보다도 감염병 예방을 위한 위생관리를 철저히 하여 자신과 이웃의 건강을 지키는 것이 더 중요하다.

주위에 대한 배려

특수청소 전문가는 항상 주위에 대한 배려를 염두에 두고 작업해야 한다. 특수청소 과정에서 발생하는 이상한 냄새를 퍼뜨려서 주위 사람들에게 폐를 끼치지 않도록 유의해야 한다. 냄새가 밴 물건을 공유 공간에 둘 때도 가급적 냄새가 퍼지지 않도록 밀봉해서 내어놓는 등 주위를 배려하면서 작업해야 한다.

QUESTION

특수청소관리사도 자격증이 있어?

한국엔딩협회의 특수청소관리사 자격증

'특수청소관리사Special Cleaning Manager'는 유품정리사와 마찬가지로 민간자격증이다. 민간자격은 자격기본법 제17조민간자격 신설 및 등록 등에 따라서 민간자격정보서비스PQI에 등록하는 자격증인데, 한국엔딩협회의 특수청소관리사 자격증은 고독사, 자살 등 사망현장에 특화된 자격증이다.

등급별 자격기준

한국엔딩협회에서 자격을 검정하는 '특수청소관리사'의 등급은 단일등급이다. 검정기준은 현장전문가 수준의 특수청소 관리지식을 활용하여 고독사, 자살, 변사 등 사망현장에 남아 있는 상속재산을 제외한 잔존물 중 혈흔, 부패액과 같은 사체의 흔적과 오염물의 제거, 해충의 방제, 잔존물의 폐기, 위생관리 등 사망현장 특수청소 업무의 전문가적인 관리능력을 평가한다.

검정과목 및 합격기준

특수청소관리사는 민법상 제한능력자를 제외하고는 연령과 학력에 제한이 없다. 외국인도 응시가능하다.

검정과목은 ① 특수청소관리사의 직업전망, ② 특수청소관리 현장의 이해, ③ 특수청소관리의 대상, ④ 특수청소의 행정규제, ⑤ 사망현장 특수청소학, ⑥ 특수청소 약품 및 장비관리론, ⑦ 특수청소 관리계획의 수립, ⑧ 특수청소의 위생관리, ⑨ 특수청소 폐기물관리, ⑩ 특수청소의 사후관리 등 총 10과목이다. 필기시험은 주·객관식과 단답식 혼합 문제로 100점 만점에 60점 이상이 합격이고 별도의 실기시험은 없다.

QUESTION

특수청소관리사 주의사항은?

철저한 자기방어自己防禦

유품정리 현장에서 이상한 냄새를 풍기는 방에 들어갈 때 염두에 두어야 하는 첫째가 자기방어이다. 고독사 현장에서는 부주의한 접촉을 통해 감염증을 앓게 되거나 자신이 감염증에 감염된 사실을 깨닫지 못하고 타인제3자에게 감염시켜 버리거나 눈의 점막손상을 입을 수도 있다.

또 아무 생각 없이 방에 들어가면 처음 맡아보는 시취屍臭를 맡고 놀라는 경우나, 고인이 코로나19에 감염되었거나 간염을 앓았던 사실을 모르고 바닥에 스며든 체액을 만져 감염되는 수도 있기 때문에 사망원인이 감염병인지 여부에 관한 정보도 중요하다. 어떤 위험이 도사리고 있는지 의심의 눈을 가지고 대응할 필요가 있다. 유품정리를 마치고 뒤처리를 소홀히 하고 집에 가서 가족과 아이들을 만나면 가족에게도 위험이 미칠 수 있다.

이웃을 향한 배려

유품정리 현장에서는 이웃을 향한 배려의 마음이 필요하다. 방 안 환기도 중요하지만 창문을 열고 냄새를 퍼뜨려 버리면 이웃에게 폐가 될 수도 있다. 자신의 몸을 보호하면서 동시에 다른 사람들에게 영향을 주지는 않을까, 위험을 미치지는 않을까 하는 점을 항상 생각해야 한다.

막상 특수청소 현장에 들어가면 참을 수 없는 악취가 풍겨 당장 창문을 열고 환기부터 시키자는 생각을 하게 된다. 일반적으로는 방 안 공기를 교체하고 환기하는 것은 중요한 일이기 때문에 입실하자마자 창문을 여는 것이 당연하겠다. 그러나 환기를 위해 창문을 열어젖히고 이상한 냄새를 퍼뜨리면 그 냄새가 바로 이웃으로 가게 된다.

특히, 아파트나 오피스텔과 같은 곳에서는 현장의 냄새를 복도 등의 공유 공간으로 내보내지 않도록 주의해야 한다.

제3절

유품정리와 특수청소의 관계

QUESTION

사망현장 특수청소가 왜 필요해?

특수청소가 생겨난 이유

특수청소란 특수한 상황에서 특수한 보호장구, 특수기술, 특수약품, 특수장비를 사용하여 오염원을 제거하는 청소행위를 말한다. 전통적인 청소 업무는 '더럽거나 어지러운 것을 쓸고 닦는' 인력중심의 청소만으로 문제가 없었으나, 오늘날의 청소는 기존의 일반가정의 청소와는 달리 선박, 공장, 호텔, 병원, 학교, 관공서, 빌딩은 물론이고 실내청소는 에어컨, 세탁기, 냉장고, 환풍기, 침대, 매트리스, 소파, 카펫 등으로 늘어나고 청소대상도 청소 하우징, 정화조청소, 소독, 방역 등 특수기술이나 장비가 필요한 특수청소가 대두되게 되었다.

사망현장과 특수청소

현대적 개념의 특수청소는 단순히 인력의 노동력만으로 이루어지는 청소가 아니라 고도의 과학적 기술에 의하여 이뤄지는 청소 작업이다. 유품정리 현장에서도 특히 고독사나 자살현장과 같은 사망현장에서는 혈흔과 부패물 제거, 제충, 제취, 소독, 방역 등 특수약품을 사용하는 기술적·전문적 요소가 가미되고 특수장비가 사용되면서 사망현장에도 특수청소가 필요하게 되었다.

사망현장전문 특수청소전문가

사망현장의 특수청소란 주로 변사체나 부패한 시체가 있던 장소의 청소, 소독, 탈취, 살균, 해충구제, 벽지나 바닥재의 해체, 리모델링 등의 주거의 원상회복을 하는 것을 말한다. 구체적인 경우로는 고독사, 자살, 강력사건, 사고사 등으로 사망한 경우와 같이 경찰이나 장례지도사가 손대지 못할 정도로 시신의 훼손이 심한 경우도 있다. 시신에서 발생하는 부패취屍臭가 풍겨서 냄새제거나 오염물제거 등 청소를 하기 어려운 현장에서는 특수청소전문가를 필요로 하게 되었다.

변사체와 특수청소

변사체의 경우는 유품정리를 하고 나서 일반적인 청소로는 대처할 수 없고 전용 약제나 전용장비를 사용해야만 한다. 그러한 경우의 청소를 일반적인 청소 업무와 구별하여, '특수청소'라는 용어를 쓰고 있다. 냄새 하나만 보더라도 시중의 탈취제를 뿌렸다고 해서 과연 참기 힘든 악취가 없어질까 하는 의문이 남는다.

  또 강력사건현장에서 시신을 치워졌다 하더라도 핏자국이 튀어있고 파리 등 벌레가 많은 상태에서 일반청소처럼 해서는 안 될 것이다. 이 경우에 빗자루로 쓸거나 닦는 등의 일반적인 청소로는 의뢰자가 납득할 수 있는 수준만큼 대응할 수 없기 때문에 특수청소가 필요하게 되었다.

QUESTION

유품정리사와 특수청소관리사는 어떤 관계가 있어?

특수청소 현장이란?

  특수청소업이란 청소업의 한 형태를 말하며, '사건현장 청소업 Crime Scene Cleaners'이라고도 하고, 그곳에서 일하는 사람들을 '특수청소관리사'라고 한다. 전문업체로서 특수청소업체가 필요한 장소는 고독사나 자살사, 사고사 등으로 숨진 사건현장이 주가 된다.

  특히 장기간 방치된 시신은 눈이 따가울 정도의 부패 냄새를 풍기고 구더기와 파리 등 해충을 대량 발생시킨다. 또한 시신의 첫 발견자는 심적으로 외상 후 스트레스장애PTSD가 될 정도로 정신적 피해를 입는 경우도 있다. 시신은 경찰이 부검을 위해서 혹은 장례를 위해서 수습해 가지만, 여전히 실내에는 부패된 시신으로부터 배어 나온 부패액, 오물이나 그 악취, 구더기 등을 남기게 된다. 이런 곳이 특수청소 현장이다.

누군가는 해야 할 사망현장청소

사망현장의 특수청소는 고인의 친척이나 임대인, 때로는 행정기관
에서 처리해야만 한다. 유족들은 친척이 돌아가셔서 정신이 없는 상
황에서 비참한 현장을 보게 되어 정리와 청소에 큰 부담을 느끼게 된
다. 그 때문에, 일반인의 관점에서 청소는 고사하고 들어가는 것조차
싫어하는 장소가 바로 사망현장 특수청소 현장이다. 그런 가운데서
도 특수청소관리사는 유족의 슬픔이나 괴로움을 위로해 가면서 업무
에 임해야 한다.

또한 임대차인 경우에는 사람이 죽은 방이라고 해서 비워 두지는
않고, 누군가에게 재임대해서 다른 사람이 살아가게 될 것이다. 아무
리 참혹한 현장이라도 특수청소관리사의 손을 거치고 나면 새로운
누군가가 살아갈 장소로 다시 태어난다.

유품정리와 특수청소의 상호보완

특수청소의 업무 범위는 사체에서 나온 부패오물 제거, 실내 해충
퇴치, 탈취와 유품정리처리품 수거가 중심이 된다. 유품정리와 같이 방
에 있는 물건을 정리할 수는 있어도 살균·소독 외에 탈취까지 해주는
업체는 드물고, 경우에 따라서는 유품정리를 먼저 하고 나서 시간을
두고 전문업체에 탈취나 리모델링 등 보다 전문적인 의뢰를 하는 경
우도 있다.

하지만, 유품정리처리품 수거와 특수청소는 동시에 처리하는 것이 효율적이고 양자가 긴밀히 협력하는 것이 중요하기 때문에 유품정리와 특수청소를 구분해서 따로 의뢰하는 것보다는, 유품정리업자에게 특수청소를 함께 맡기든, 특수청소업자에게 유품정리를 함께 맡기든 어느 한쪽에 유품정리와 특수청소를 함께 의뢰하는 경우가 많다.

유품정리사는 특수청소관리사를 겸해야 한다.

따라서 유품정리업자는 특수청소까지 유기적으로 결합해서 의뢰자로부터의 특수청소 요청을 직접 수행할 수 있도록 대비할 필요가 있다. 이를 위해서는 살균 작업은 물론이고 탈취를 위한 전용 약품약제도 취급해 제취·탈취까지 가능하도록 전문성을 갖춘 특수청소관리사 자격을 추가하는 것이 유리하다.

QUESTION

누구를 기준으로 특수청소를 해야 해?

의뢰인과 유품정리사의 인식 차이

특수청소와 관련하여 유족과 임대인 사이의 트러블을 사전에 예방하기 위해서는 어떤 조치가 필요할까? 먼저 양자 간에 분쟁이 발생하는 원인은 유족과 임대인 사이에 인식의 차이가 크기 때문이다.

특수청소영역에서 의뢰인의 관심은 역시 '오염현장의 청소'와 '이상한 냄새를 제거'하는 것은 동일하지만, 임차인은 임차보증금의 회수, 임대인은 다른 임차인에게 재임대하는 것에 관심이 있다.

특수청소업자는 저렴한 견적을 제시하여 계약을 성사시키려 할 것이고, 유족의 입장에서는 특수청소만 실시하면 즉시 임차보증금이 회수될 것으로 기대하고, 임대인은 특수청소를 마쳤으니 재임대에 걸림돌이 없을 것으로 기대한다.

탈취효과를 명확히 설명

특수청소 견적에 대하여 양자가 상담을 하는 경우에는 특수청소의 범위는 어디까지인가, 특수청소로 어느 정도 효과를 볼 수 있는가 하는 점을 명확히 설명해야 한다. 특히 부동산이나 관리사무소에서 고독사 특수청소를 의뢰하는 경우는, 대부분이 목적물인 현장을 다시 재임대하는 것을 하는 전제로 한다.

따라서 고독사 사실 자체가 주변에 알려지는 것을 극도로 꺼려한다. 그 때문에 특수청소 당일에도 옆방에서 눈치채지 못하도록 비밀리에 해줄 것을 요청한다. 그리고 고독사 냄새가 남아있으면 재임대할 때 문제가 될 수도 있다.

탈취제만으로 냄새가 제거되는 경우라도, 시신이 오랫동안 방치된 경우에는 벽지뿐만 아니라 장판이나 데코타일 바닥 아래 콘크리트 부분까지 냄새와 부패액이 스며드는 경우도 있다.

이 경우는 특수청소 당일에는 냄새가 제거되었지만, 시간이 지나면 후일 다시 냄새가 날 수도 있다. 이 경우에는 청소와 탈취제로 냄새를 일시 제거하는 것보다는 '냄새의 원인을 완전히 제거해야 한다는' 점을 정확하게 설명해야 한다.

임대인의 입장을 고려한 상담

오래된 냄새가 집 안에 배어있어서 '인테리어'를 포함하여 벽지 교체와 바닥공사 등의 조치가 필요한 경우라도 임차인의 입장에서는 비용이 없어서 인테리어까지 할 수 없는 경우도 있다. 후일의 분쟁에 대비해서라도 이 점에 관해 명확히 이해할 필요가 있음을 염두에 두어야 한다. 또한 특수청소 비용이 예상보다 비싸다고 느끼는 경우도 있기 때문에 비용에 관해서는 상세한 설명도 필요하다. 견적과 업무 내용을 설명할 때에는 의뢰인의 입장에서 생각하고 비용에 관해서도 납득할 때까지 충분한 설명이 필요하다. 아울러 임대인의 입장에서 비용 측면을 고려하여 비용이 부담스럽지 않은 상태를 만드는 것이 중요하다.

QUESTION

인테리어업자도 관계가 있어?

사망장소의 특수성

특수청소가 필요한 장소는 주로 고독사, 자살사, 사건사 등으로 누군가의 비정상적인 사망이 전제가 되지만 자연사의 경우에도 '사망

장소'라는 점에서는 똑같다. 사후 경과 일수나 죽은 장소에 따라서는 바닥 안쪽까지 부패액이 침투해서 벽이나 장판, 마룻바닥의 시공보드 등에도 이상한 냄새와 체액이 스며들기도 한다.

인테리어 추가공사

눈이 아플 정도의 이상한 냄새를 풍기고 있는 상태에서는 아무리 뛰어난 탈취제가 있다고 해도 완전히 탈취할 수 없으며, 냄새의 근원을 완전히 차단하기 위해서는 특수청소 후에도 벽지도배, 장판교체, 마루시공 등의 추가공사가 필요한 경우도 있다.

이러한 추가공사까지 특수청소업체가 모두 갖추기에는 무리가 있다. 이 분야에 정통한 인테리어업자를 협력업체로 수배해서 공동대응하는 방법도 있다.

특수청소업의 전망

QUESTION

고독사도 특수청소와 관계가 있어?

고독사와 방치된 죽음

사람의 죽음은 어떤 형태이든 갑자기 사망하면 주위는 혼란스럽다. 또 고인도 혼자 사는 경우가 많아지고 사망 후에도 조기에 발견되지 않아, 이른바 준비 없는 죽음인 '고독사'가 늘고 있다.

최근에는 시취 등 악취 때문에 죽은 사람의 방에 들어가기 어렵기도 하지만 남의 죽음에 관여하기 싫다는 이유로, 죽음을 알고도 신고조차 하지 않는 경우도 있다. 사실 자신이 죽고 나서 몇 달 동안 방치될 거라고 생각하는 사람은 없을 것이다. 그런데 실제로 이웃집도, 집주인도 몇 주 동안 죽음을 눈치채지 못하는 경우가 늘고 있다.

원하지 않는 고립

우리나라도 고독사가 증가 추세에 있지만, 일본에서는 2011년 동일본 대지진처럼 큰 재해지역에서 '고독사'가 많이 늘었는데, 그 이유는 지진재해로 가족을 잃은 많은 사람들이 현지를 떠나 모르는 사람들과 살게 되면서 사회적으로 고립된 생활을 했기 때문이다.

우리나라도 대규모 택지개발 등으로 종전의 마을을 떠나 신시가지로 이주하면서 원주민들이 뿔뿔이 흩어지고, 사회적 고립이 심화되고 있다. 낯익은 고장인데 낯선 사람들뿐이어서 '원하지 않는 고립' 상태가 되는 것이다.

고독사와 특수청소

고독사 현장은 특수청소의 대명사가 되어버렸다. 고독사 현장에서 특수청소가 필요한 이유는 오랫동안 방치된 죽음 때문이다. 사람이 죽고 나서 이틀 정도 지나면 부패가 시작되고 시취 등 이상한 냄새를 풍기게 된다. 또한 체내에 있는 구더기나 파리 등의 번식이 진행되어 시신 주위에서 벌레가 떼지어 다니는 상태도 발생한다.

시신 발견까지 시간이 경과한 경우에는 오염이나 이상한 냄새가 가득 찬 상태이기 때문에 일반인이 방 안에 들어가서 청소를 하기는 어렵다. 이 때문에 전문가인 특수청소관리사를 필요로 하게 된다. 앞으로 고독사가 늘어나면 특수청소의 수요는 계속 늘어날 수밖에 없다.

자살도 특수청소와 관계가 있어?

자살 건수의 증가

통계청이 발표한 2023년 사망원인 통계에 따르면 2023년 자살자 수는 13,978명으로 나타났다. 지난 10년간 매년 13,000명 이상의 자살자가 생겨난다. 더구나 가족의 자살을 감추고 싶은 사람도 있기 때문에 실제 자살자 수는 이보다 많을 것으로 추정된다. 나날이 늘어나는 자살사는 누군가의 도움이 필요하지만, 혼자 생각하고 고민하는 사람이 사라지지 않는 한 계속 늘어나는 문제가 아닐까?

자살예방센터의 유품정리비 지원

자살의 원인은 연령별로 큰 차이를 보인다. 25세 미만 청소년층은 성적成績, 진학과 관련한 문제가 많은 반면, 45~64세 장년층은 경제적 어려움이 압도적인 다수를 차지한다. 65세 이상의 노인층은 건강 문제가 가장 큰 이유로 지목되고 있다.

특수청소관리사 입장에서는 자살의 원인을 찾아서 예방해 주는 것은 업무범위를 벗어난 일이다. 하지만 자살자의 유족들이 힘들어 하는 부분을 도와줄 수는 있다. 각 지자체단위로 설치된 자살예방센터에서는 자살유족관리를 하고 있는데, 유품정리 비용의 일부를 지원해 준다. 유족들이 특수청소 비용을 지원을 받을 수 있도록 안내하는 것도 중요하다.

자살도구와 특수청소

자살현장의 특수청소가 어려운 이유는 유족들은 자살의 원인이 자기에게도 있지 않을까 하는 자책감 등으로 자살현장에 접근하는 것 자체를 힘들어한다. 더군다나 자살에 쓰인 도구를 직접 대하는 것은 감히 엄두가 나지 않을 것이다.

자살에 사용한 번개탄이나 빨랫줄 등 자살도구는 모두들 접근을 꺼려하는 물건이기 때문에 가급적 남들이 보기 전에 해체하는 것이 중요하다. 특수청소관리사라고 하더라도 자살에 직접 사용된 도구를 치우는 것은 꺼려지기 마련이다. 누군가가 해야 한다면 특수청소관리사는 기꺼이 나서주는 것이 프로 직업인의 자세이다.

자살에 사용된 도구를 발견하면 만약을 위해서 사진을 찍어둘 필요가 있다. 그리고 자살도구를 치울 때는 전에 고인이 얼마나 힘들었을까 생각하고 잠시 추모를 해주는 것도 중요하다.

혹시라도 SNS 등에 자살도구를 게재하는 것은 조심해야 한다. 특히, 자살자의 신원이나 정보를 추측할 수 있는 개인정보가 알려지지 않도록 주의해야 한다. 자칫하면 혐오감을 주거나 자살을 부추긴다는 오해를 불러올 수 있다.

QUESTION

특수청소 수요는 계속 늘어날까?

돌연사와 특수청소

고령화에 따라서 죽음을 의식하고 미리 죽음준비를 하는 고령자는 아직 미미하다. 특수청소 현장의 대부분은 혼자 사는 40~50대가 아직 젊은 나이에 순간의 돌연사를 맞이하면서 발생하는 경우가 많다.

우리나라의 평균 수명이 83.5세2023년인 점을 감안하면 젊은 시절에는 아무도 죽음을 의식하지 못하고 대비책도 없다. 그러다가 갑자기 돌연사를 맞이하여 시신이 부패하는 냄새가 밖으로 새어나갈 때까지 아무도 눈치채지 못하는 상태가 된다.

이러한 돌연사 현장이 바로 특수청소관리사가 마주하는 특수청소 현장이다. 특수청소는 누구나 하기 싫은 일이고 할 수도 없는 일이다. 하지만 남들이 하기 싫어하는 일이기 때문에 이를 도와주는 특수청소관리사에 대한 '기대'가 높고, 특수청소관리사는 사람의 죽음과 직결되는 꼭 필요한 전문직이다.

특수청소의 수요증가

'특수청소'의 수요가 높아지는 요인은 몇 가지로 생각할 수 있지만, 고령화나 고독사 등 특수청소의 대상이 되는 현장이 증가하고 있다는 것이다.

특수청소가 필요한 현장과 직결되는 자살사나 고독사는 연간 1만

8천여 건 이상으로 추정된다자살자 수 1만 4천여 건, 고독사 사망자 3천7백여 건. 이러한 특수청소의 수요는 갑자기 줄어들 가능성이 없고 오히려 전체 사망자 수의 증가와 함께 계속 증가할 것으로 보인다.

제5절

특수청소의 실제

QUESTION

특수청소 견적 시 유의사항은?

현장 상황 파악

유족 이외에도 집주인, 부동산회사, 건물관리회사, 지방자차단체 등 다양한 사람들로부터 의뢰를 받는다. 부동산관리회사 등 임대인 측에서는 사망자가 발생한 방을 다른 분에게 재임대하려는 의도가 강하기 때문에 조기에 처리하려는 의지가 강하다.

특수청소 의뢰를 받고 현장에 가는 경우에는 현장에 도착 즉시 긴급한 청소를 해야 하는 경우도 있기 때문에, 현장에서 긴급한 작업을 수행할 준비를 하고 가야 한다.

의뢰자의 요청에 따르는 것이 기본이지만, 상황에 따라서는 특수청소 비용이 달라지거나 특수청소로 대처할 수 없는 경우도 있으므로 일단 현장을 방문해서 상태를 파악하는 것이 중요하다. 시취나 혈액, 체액 등이 오염되어 있는 비참한 현장이 많기 때문에 현장 상황을 충분히 파악하고 견적을 산출한다.

견적의 산출

특수청소에서 가장 신경 쓰이는 부분이 냄새제거와 부가 작업이다. 유품정리는 대부분 하루에 끝나지만 냄새제거는 며칠이 걸릴 수도 있다. 벽지를 뜯어내고, 장판을 걷어내도 바닥이나 문틈으로 스며든 부패액에서 나오는 냄새를 차단하기는 어렵다. 사용하는 약제에 따라서는 가격이 천차만별이지만 소비자로서는 어느 정도의 비용인지 가늠할 수도 없다. 어느 수준까지 작업을 할 것인지를 확인해 가면서 견적을 산출해야 한다.

작업의 한계 설명

특수청소에 관한 특수청소업자와 의뢰인의 기대수준이 다르다는 것이 항상 트러블의 원인이 된다. 특히 의뢰인이 임대인인 경우에는 그 방을 재임대하는 것을 전제로 하기 때문에 냄새가 남아있거나 청소가 미진한 경우는 큰 문제가 되어 버린다.

특수청소 현장은 탈취제로 제거되는 냄새도 있지만 벽지나 바닥, 바닥 아래 콘크리트 부분까지 냄새와 부패액이 스며드는 경우도 있다. 이 경우 탈취제로 탈취하는 것보다는 원천적으로 벽지교체와 인테리어 공사가 필요한 경우도 있다. 이러한 점을 염두에 두고 작업의 한계를 설명하는 것은 반드시 필요하다.

특수청소 작업의 흐름은?

해충구제

파리나 구더기 등의 해충구제는 시중에서 판매되는 해충구제 약제를 살포해서 발생원을 차단한다. 해충이 박멸된 것을 확인한 후에 사체死體를 빗자루 등으로 쓸어내고 깨끗한 상태에서 청소를 실시하는 것이 기본이다. 해충구제 후에 준비한 약품 등을 사용해 살균, 탈취 등의 업무를 실시한다.

살균소독

특수청소 의뢰는 대부분 살균과 탈취에 관계된 것이다. 고독사 등으로 오랫동안 시신이 머물렀던 특수청소 요청이 없다면, 유품정리 현장은 가벼운 살균과 소독만으로 가능하다.

살균과 소독을 할 때 사용하는 액체 살균 탈취제는 미립자 분무기 등을 이용하여 분무한다. 미립자 분무기의 안개도 미세한 액체이므로 결국은 바닥으로 떨어지기 때문에 일부러 바닥에 분무할 필요는 없다. 미립자 분무기의 분무는 천장 방향에서 시작하여 벽을 향하여 분무를 한다. 탈취와 살균 작업에 많이 사용되는 약품으로는 다음 세 가지가 있다.

약품의 종류	특징
① 차아염소산나트륨 NaClO	• 표백과 제균작용을 하며 살균소독, 표백제로 널리 이용된다. • 찌든 때 제거, 옷이나 섬유의 얼룩 제거 등에 사용된다. • 일반적으로 락스로 불리는 살균소독제이다.
② 이산화염소 ClO₂	• 높은 탈취력·제균력과 더불어 즉각적인 효능이 높다. • 이산화염소수는 살균, 소독, 탈취, 부패방지 등에 사용된다. • 바이엑스, 탑크린 등 뿌리는 소독제가 있다.
③ 아염소산나트륨 NaClO₂	• 식품첨가물로서 이용되며 높은 탈취력·제균력을 발휘한다. • 박테리아, 곰팡이 및 조류 슬러지를 제어하는 데 사용된다. • 섬유표백제로 주로 사용된다.

오존 탈취

오존 탈취는 악취물질을 분해함으로써 무취 혹은 냄새가 약한 물질로 변화시키는 방법이다. 오존 탈취는 재해 복구에 가장 효과적인 방법으로 여겨지고 있으며 화재 냄새, 천, 벽지, 커튼, 카펫, 종이제품 등의 탈취에도 적용 가능하다. 다른 탈취 작업과 달리 기기를 방에 두고 기계가 탈취와 제균을 동시에 할 수 있다는 점에서 매우 효능 있는 탈취방법으로 여겨지고 있다.

오존 탈취는 오존발생기라는 기계를 현장에 설치해서 오존을 발생시키고 악취물질을 제거하는 기체 탈취로, 시간을 들임으로써 방 전체를 탈취할 수 있고 동시에 높은 살균효과도 발휘한다고 알려져 있다.

하지만 높은 농도의 오존 물질은 유해하기 때문에 직접 쏘이지 않도록 주의해야 한다. 먼저 액체 탈취를 마친 후, 3일에서 1주일 등 오랜 작업기를 두고 오존 탈취를 하는 방법도 있다. 또한 피톤치드 연무기도 있는데 피톤치드를 발생시켜서 실내공간을 정화하고 탈취하는 효과가 있다.

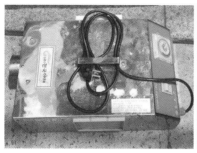
오존(OZ)발생기

피톤치드 연무기

코팅 탈취

대략적인 탈취와 살균, 청소를 마친 후에는 현장 상황을 재확인하겠지만, 현장에서는 여전히 냄새가 난다는 클레임을 받을 수 있다. 그럴 때 실시하는 것이 코팅제를 이용한 '코팅 탈취'이다.

코팅 탈취는 이온 등의 항균성 이온이나 나트륨 이온과 이취 물질의 이온 결합을 발생시킴으로써 탈취나 취기 흡착제를 이용한 탈취에 의해, 이취異臭를 가두는 방법을 말한다. 그 효과는 짧은 것이 1년, 긴 것이 5년 정도 효과가 있다고 하니 원상회복을 하는 데 있어 탈취효과를 장기적으로 지속시키고 나아가 방에 남은 냄새를 제거하는 방법으로 이해하면 된다.

작업자의 제균·탈취

대략적인 작업을 마치고 현장에서 퇴출될 때 반드시 해야 할 일이 자신을 제균·탈취하는 작업이다. 나 자신은 물론이고 현장을 떠날 때 제대로 제균·탈취를 한 후 작업에서 벗어나도록 해야 한다. 앞서 언급한 것처럼 나에게도 위험이 미칠 수 있고 다른 사람에게 2차 감염, 3차 감염의 위험을 확산시킬 수도 있다.

QUESTION

사망장소에 따라 특수청소가 달라져?

방 안에서 사망한 경우

특수청소 현장에서 가장 흔하게 접할 수 있고, 또한 특수청소가 필요한 현장으로 가장 많이 만나는 장소가 방 안에서 사망한 경우다. 우선 방 안에서 사망한 경우라도 침대 위에서 사망한 경우, 이불에서 사망한 경우, 마룻바닥에서 사망한 경우에 따라서 약간씩 대처방법이 다르다.

사망장소	대처방법
침대 위, 이불 속	• 침대보와 이불은 대형비닐에 담아서 제거한다. • 이불을 들추어 해충구더기을 먼저 쓸어낸다. • 부패물질을 비닐봉투에 주워 담는다. • 매트리스와 요를 제거하고 혈흔이 침투한 부위를 청소한다.
방바닥 또는 거실	• 먼저 해충퇴치를 한다. • 주변의 부패물질을 비닐봉투에 주워 담는다. • 혈흔이 흘러간 방향을 추적해서 제거한다마룻바닥, 싱크대, 가구 등의 밑으로 흘러 들어간 경우 끝까지 추적.

체액이 바닥재까지 스며든 경우

체액이 바닥까지 스며든 경우에는 바닥재를 제거해야 한다. 바닥이 비닐 장판인 경우에는 장판만 걷어내면 되는 경우도 있다. 장판 밑의 바닥재까지 오염물질이 스며든 경우에는 특수청소만으로 어렵고 별도의 바닥공사를 실시해야 한다.

오염물질이 콘크리트 슬래브까지 흘러 들어간 경우에는 바닥의 오염 부분을 닦아내거나 깎아내야 하는데 오염물질을 닦아내는 것 이상의 추가 작업이 필요한 경우에는 전문 집수리업자에게 맡겨야 한다.

강화마루의 경우에는 구더기 등이 번데기가 되기 위해서 시원한 테두리 속으로 기어들어 가서 우화한 경우를 볼 수 있다. 이 경우에는 테두리까지 뜯어내고 번데기까지 제거해야 한다. 강화마루까지 뜯어내야 하는 경우에는 시공방법에 따라서 다르다. 접착제 시공을 하지 아니한 경우에는 간단한 장비로도 뜯어낼 수가 있지만, 접착제 시공을 한 경우에는 전문장비가 필요하기 때문에 특수청소업체가 직접 철거하기는 사실상 어렵다.

천장에 배어있는 경우

집톤Gypton 천장이란 천장용 화장 석고보드를 말하며 사무실, 점포, 학교, 병원과 같은 공공시설 등 모든 건물의 천장에 폭넓게 사용되고 있다. 일반적으로 특수청소의 경우 천장은 집톤이 대부분이다. 또한 집톤의 경우 냄새를 흡수하므로 코팅도장이 필요하거나 교체해야 한다. 천장의 집톤까지 냄새가 배어있는 경우에는 집톤을 교체해야 하는데 이 역시 특수청소로는 해결하기 어렵다.

오염 장소를 특정할 수 없는 경우

오염 장소를 특정할 수 없는 경우에는 오염 장소로 생각되는 부분에 과산화수소수옥시풀를 분무하여 반응을 본다. 특히 혈흔이나 체액 등이 있는 경우에는 과산화수소수를 분무하면 단백질과 반응하여 거품이 발생하고 하얗게 변하기 때문에 오염 부위를 쉽게 알 수 있다.

QUESTION

특수청소 전후의 조치사항은?

오염물질 제거

고독사와 같이 장기간에 걸쳐 시신이 방치되었던 경우에는 현장에 시신은 옮겨진 이후이지만 구더기 등 벌레가 발생하거나 부패액이나 오물 등으로 침구나 바닥이 오염되어 있을 수 있으므로 해충 제거를 비롯해서 혈흔과 부패액 등 오염물질 제거를 실시한다.

또한 실내에 남아 있는 가재도구 등에도 냄새가 배어있을 수 있다. 바닥이나 벽, 가재도구 등에 오염이 있는 경우에는 가재도구만 폐기했다고 특수청소를 했다고는 할 수 없다. 냄새가 배어버린 유품, 가재도구 등을 들어내고 체액으로 오염된 바닥, 벽 등의 오염물질을 제거해야 한다.

마스킹 작업

유족의 요청에 따라 접근할 수 있도록 준비한 약품을 사용해 탈취·제균 등의 작업을 실시한다. 이때 주의해야 할 점이 약제에 따라서는 탈색이나 변색을 일으켜 계속 이용할 수 없는 경우도 있다. 계속 사용할 물건에 대해서는 약제가 묻지 않도록 마스킹 작업_{작업 장소 이외를 더럽히지 않기 위해 테이프 붙이는 작업}을 해야만 한다.

퇴실소독

현장을 퇴실하기 전 꼭 해야 할 일이 자신들의 '퇴실소독' 작업이다. 왜냐하면 우리 중 누구 하나의 부주의로 주위에 위험이 미칠 수 있기 때문이다. 입던 작업복은 이중봉투에 넣어서 세탁하고, 머리카락이나 얼굴을 비롯하여 외부에 노출되었던 부위에는 제대로 살균·탈취를 해 두어야 한다. 또한 현장 퇴실 시 세균이나 감염병 예방을 위해서라도 퇴실소독을 철저히 하는 것이 중요하다고 할 수 있다.

제6절

특수청소의 사례

QUESTION

화장실에서 죽은 경우 특수청소는?

바닥의 세정

화장실은 공간이 좁고 밀폐된 공간이기 때문에 쉽게 오염이 진행된다. 특히 화장실 특수청소는 어려우며, 관련 작업의 흐름과 특수청소 기술의 응용으로 탈취는 가능하다.

먼저 화장실 바닥의 세정 작업을 실시한다. 냄새 오염물을 제거하고 약제를 사용하여 세척 작업을 한다. 오염물이 산성인 경우는 탄산소다, 베이킹소다, 과탄산소다, 세스퀴소다 등의 알칼리성 약제를 분무한다. 혈흔이 남아있는 경우 과산화수소옥시풀를 사용하면 희고 탁해지기 때문에 오염 부위를 쉽게 알 수 있다. 그 밖에 자외선램프블랙라이트를 비추거나 루미놀 반응을 보면 쉽게 오염부위를 알 수 있다.

변기 등의 틈새

화장실의 경우 바닥 아래까지 오염된 경우가 대부분이기 때문에 변기 등의 틈새를 청소하고, 필요하면 변기를 해체하거나 미끄럼 방지 카펫을 철거하기도 한다. 바닥과 벽 사이에 틈새가 없는지, 벽 상태는 어떻게 돼 있는지를 확인해야 하고 바닥 아래로 체액이 흐르지 않았는지 확인하기 위해서 해체 또는 철거를 하는 경우도 있다.

바닥 아래 배수구

바닥 아래까지 체액이 흐르고 있으면 바닥 아래의 살균·탈취 작업에 들어간다. 바닥 아래의 구조에 따라서 특히 배수구는 약제와 코팅제 등을 사용하여 살균·탈취 작업을 진행한다. 청소에 사용하는 약제는 차아염소산나트륨락스과 이산화염소, 아염소산나트륨이다. 약제는 분무기 등의 전용 장비를 사용하여 살균·탈취 작업을 수행한다.

실내 탈취와 환풍기

다음은 화장실 실내 탈취 작업을 실시한다. 분무기로 약제를 분무하고 탈취 작업 후 오존 탈취기로 효율적으로 탈취 작업을 해나간다. 이때 간과하기 쉬운 장소가 화장실의 '환풍기 덕트'이다. 화장실에는 24시간 환기하는 환풍기가 붙어 있는 경우가 많이 있다. 환풍기 덕트에도 냄새가 나는 경우가 있으므로 화장실 특수청소를 할 경우 환풍기 덕트 탈취를 위해 오존 탈취기를 사용하는 것이 효율적이다.

QUESTION

욕조에서 죽은 경우 특수청소는?

욕조의 배수

욕조 내에서 사망했는데 욕조 안에 물이 있을 경우는 먼저 욕조 안의 물을 빼내야 한다. 욕조 안의 물은 체액으로 오염된 물이기 때문에 그대로 흘려보내서는 안 되고 양동이 등으로 퍼내서 다른 방법으로 처리해야 한다. 만약, 배수구를 사용하여 배수한 경우에는 배수후에도 탈취 작업을 할 필요가 있기 때문에 배수를 위해 계속 물을 흘려보내서 세정 작업을 해야 한다.

욕조 안의 세척

다음으로 욕조 안을 세척한다. 세척을 충분히 하지 않으면 위생상의 문제도 있기 때문에 철저한 세척이 필요하다. 중국집 등에서 기름을 세척하는 강력한 세제를 사용하는 것이 좋다. 또한 욕조에 스며든 색을 제거한다. 세제를 바꾸어 가며 오염된 색을 빼내면서 세제의 효과를 확인한다. 얼룩을 빼기 위해서 욕조가 손상되면 안 되므로 욕조의 소재나 재질에 따른 세제의 효과를 검증하면서 시행한다.

욕조 소독

욕조 세정이 끝나면 다음으로 욕조 소독을 실시한다. 순환기능이 있는 타입과 물을 모아 배수하는 타입이 있으며 순환기능이 있는 타입은 순환하는 배관 내부의 세척 소독도 필요하다. 순환기능이 있는 스파욕조 타입의 경우 욕조에 세정제를 넣고 온도설정을 가장 높게 설정하여 물을 끓인다. 이때 배관 내부도 약제가 순환하기 때문에 배관 내부의 세척 소독이 가능하다. 물이 따뜻해지면 물을 빼고 같은 작업을 반복함으로써 세척과 소독의 효과를 높인다.

욕실 내 세척

욕실 내 세척은 벽, 천장, 바닥을 세척한다. 그 후에 탈취 작업을 수행하면 완료된다. 욕실 안에서 사망했을 경우의 대처는 조건에 따라 달라진다.

유니트바스Unit Bath는 조립식이기 때문에, 앞 패널전면 패널과 욕조 등의 부품으로 나뉘어져 있으며, 냄새의 원인이 되는 이물질이 욕조 안쪽에 달라붙을 수 있으므로 앞 패널을 분리하여 내부를 확인해야 한다.

욕실에 있는 타일 줄눈의 뒤쪽으로 이물질이나 체액이 스며 나올 수 있다. 냄새가 나는 곳 뒤쪽의 단열재에 이물질이 있는 경우에는 개수 공사가 필요하다.

특수청소를 둘러싼 분쟁은?

냄새 관련 클레임

특수청소 현장에서 일하다 보면 가끔 부딪치는 문제는 "아직 악취가 남아있다. 추가 소독을 해달라"라는 요청이다. 사람마다 냄새에 대한 민감도가 다르기 때문에 한마디로 악취가 제거되었다는 점을 객관적으로 증명하기는 어렵다. 대부분의 현장에서는 눈에 보이는 혈흔을 닦아내고, 살균소독제를 분무하고, 오존발생기를 틀어놓는 등의 조치를 하고 작업을 마친다.

하지만 사망 후 오래된 현장의 경우에는 눈으로 확인할 수 있는 청소와 소독을 마쳤다고 해서 좀처럼 냄새가 빠지지 않는다. 창문을 열어서 장시간 환기를 시키고 난 후에 천천히 확인하도록 한 후 현장을 떠나는 경우가 대부분이다.

의뢰인은 탈취를 했으니 당연히 냄새가 나지 않을 것이라고 생각한다. 애프터 서비스를 위해 현장에 나가보면 난감해하는 의뢰인을 곧잘 만나게 된다. 원인물질을 완전히 제거하지 않으면 어느 정도의 냄새는 제거할 수 없다는 점을 이해시키고 추가로 소독과 탈취 작업을 해주는 방법밖에 없다. 의뢰자가 아무래도 이취·악취가 난다고 느끼는 경우에는 반복적으로 탈취 작업을 실시하거나 벽지 교체 등 리모델링 공사 등을 생각해 봐야 한다.

냄새측정기의 활용

탈취 작업의 모습을 의뢰인에게 보여주는 것만으로는 부족하다. 무언가 결과에 대한 객관적인 자료가 있으면 금상첨화일 것이다. 시중에는 간단하게 냄새를 측정할 수 있는 기계들이 많이 나와 있다. 인터넷에서 간단하게 냄새측정기, 가스측정기를 검색해 보면 휴대용 측정기는 몇만 원짜리도 있고, 전문가용으로는 몇십만 원짜리 대기질 측정기도 찾아볼 수 있다.

아황산가스 등 돈사나 하수구와 같은 곳의 냄새를 측정할 수 있는 냄새측정기가 다양하게 출시되어 있다. 이러한 냄새측정기를 구비해서 특수청소 전의 측정값과 특수청소를 마친 후의 측정값을 비교해서 보여줄 필요가 있다. 특수청소에서는 냄새측정기 사용이 필수라는 점을 강조해 둔다.

휴대용 냄새측정기

가정용 악취측정기

QUESTION

잔류악취에 대한 분쟁은?

원인의 제거

악취惡臭 또는 이취異臭를 방지하는 방법은 바로 악취와 이취의 근원을 없애는 것이다. 탈취제·약품 등을 이용한 탈취 작업 전에 먼저 냄새의 근원을 찾아서 없애주는 작업이 선행되어야 한다. 탈취를 아무리 해도 이상한 냄새가 나는 것은, 탈취제의 냄새가 이상한 냄새보다 강력하거나 일시적으로 냄새를 억제하기 때문에 며칠 지나면 또 이상한 냄새가 날 수도 있다.

건식세정Dry Cleaning

건식과 반건식 세정 시스템은 물 대신에 유기용제有機溶劑를 사용하는 세척법이다. 기름성분의 물질을 녹여서 없앨 수 있고 물을 사용하지 않기 때문에 물에 의해서 크기가 줄거나 색이 변하기 쉬운 모, 견 등 의류세정에 주로 쓰인다. 이 역시 고독사 특수청소 현장에서는 거의 쓰이지 않는 방법이다.

습식세정Wet Cleaning

습식세정은 건식세척과 달리 화학용액을 사용하는 전문적인 세척 방법이다. 주로 세탁이 어려운 가구나 침대 매트리스 청소에 이용된다. 가장 흔한 것은 테트라클로로에틸렌일반적으로 퍼클로로에틸렌 또는 퍼크라고 함이다. 고독사 현장에서 사용하던 가구를 재사용하는 경우는 거의 없기 때문에 이 방법을 쓰기보다는 폐기처리하는 경우가 많다.

제7편

특수청소 위생관리

핫한 직업
유품정리사
특수청소관리사

제1절

위생관리의 행정규제

QUESTION

위생관리 적용법은 어떤 법?

공중위생관리법

특수청소업자는 공중위생관리법이 정하는 바에 따라서 공중위생 영업의 종류별 시설 및 설비기준에 따른 설비를 갖추고 '건물위생관리업' 신고를 해야 한다법제2조 및 시행규칙 별표1. 공중위생관리업자가 준수해야 하는 의무가 있는데, "유기용제 사용 시 환기의무, 가스흡입 방지 및 화재예방의무, 종사자에 대한 교육의무"가 있다시행규칙 별표4, 위생관리기준.

감염병의 예방 및 관리에 관한 법률

소독업을 업으로 하려는 자는 보건복지부령으로 정하는 "소독업의 시설·장비 및 인력기준"을 갖추고 특별자치도지사 또는 시장·군수·구청장에게 신고를 해야 한다법제52조, 시행규칙 제37조 및 별표8. 소독의 방법으로는 ① 청소, ② 소독, ③ 질병매개곤충방제, ④ 쥐의 방제, ⑤ 소독약품의 사용 등이 있다_{감염병의 예방 및 관리에 관한 법률 시행규칙 별표6}.

산업안전보건법

산업안전보건법은 산업재해의 예방을 사업주에게 부과하고 근로자에게는 이에 협력하도록 하는 것이 기본원칙이다. 사업주는 사업장의 생산과 관련되는 업무와 그 소속직원을 지휘·감독하는 직위에 있는 사람을 관리감독자로 지정하고 안전·보건상의 업무를 수행하도록 해야 한다_{법제16조}. 사업주는 소속 근로자에게 정기적으로 안전보건교육을 실시하여야 한다_{법제29조제1항}. 산업안전보건법 시행규칙에 따른 안전교육을 받고 안전교육이수증을 받아두어야 한다_{시행규칙 별지서식}. 회사 자체에서 안전교육을 실시하면 교육일지를 작성해서 외부점검에 대비한다.

폐기물관리법

유품정리와 특수청소에서 발생된 폐기물에 해당하는 물품_{헌 옷, 가구, 쓰레기 등}은 폐기물관리법에 따라 적법하게 처리해야 한다. 폐기물을 종류별로 분류하여 지정된 처리방법에 따라 처리해야 하며, 무단투기나 소각은 금지된다. 폐기물처리업체를 선정할 때에는 허가받은 업체인지 확인하고, 처리 과정을 투명하게 공개하는 업체를 선택하는 것이 좋다. 상세한 것은 후술한다.

QUESTION

소독은 어떤 방법으로?

청소방법

오물 또는 오염되었거나 오염이 의심되는 물건을 수집하여 폐기물 관리법에 따라 위생적인 방법으로 안전하게 처리해야 한다.

소독방법

소독방법은 감염병의 예방 및 관리에 관한 법률 시행규칙 [별표6] 에서 정하는 방법에 따라야 한다. 소독방법에는 소각, 증기소독, 끓는 물 소독, 약물소독, 일광소독이 있다.

소독방법		내용
청소		오물 또는 오염되었거나 오염이 의심되는 물건을 수집하여 「폐기물관리법」에 따라 위생적인 방법으로 안전하게 처리해야 한다.
소독	소각	오염되었거나 오염이 의심되는 소독대상 물건 중 소각해야 할 물건을 불에 완전히 태워야 한다.
	증기소독	유통증기流通蒸氣를 사용하여 소독기 안의 공기를 빼고 1시간 이상 섭씨 100도 이상의 증기소독을 해야 한다. 다만, 증기소독을 할 경우 더럽혀지고 손상될 우려가 있는 물건은 다른 방법으로 소독을 해야 한다.
	끓는 물 소독	소독할 물건을 30분 이상 섭씨 100도 이상의 물속에 넣어 살균해야 한다.

약물소독	다음의 약품을 소독대상 물건에 뿌려야 한다. 1) 석탄산수석탄산 3% 수용액 2) 크레졸수크레졸액 3% 수용액 3) 승홍수승홍 0.1%, 식염수 0.1%, 물 99.8% 혼합액 4) 생석회대한약전 규격품 5) 크롤칼키수크롤칼키 5% 수용액 6) 포르마린대한약전 규격품 7) 그 밖의 소독약을 사용하려는 경우에는 석탄산 3% 수용액에 해당하는 소독력이 있는 약제를 사용해야 한다.	
일광소독	의류, 침구, 용구, 도서, 서류나 그 밖의 물건으로서 가목부터 라목까지의 규정에 따른 소독방법을 따를 수 없는 경우에는 일광소독을 해야 한다.	

제2절

소독약품과 소독장비

QUESTION

소독약품의 종류와 사용법은?

소독약품이란

소독약품Biocide이란 인간과 동물을 제외한 유해생물의 제거에 사용되는 화학물질을 통칭하는 용어이다. 비농업용으로 사용되는 살충제, 살균제, 소독제, 보존제, 방부제, 방오제, 항균제를 통칭하는 것이다.

살균제란 진균, 세균, 바이러스, 포자를 포함하는 미생물을 사멸 및 제거하는 것, 살균을 위한 화합물질을 살균제라 한다. 소독이란 미생물의 생활력을 파괴, 감염 및 증식을 억제하는 것을 말한다. 살충제란 병원균을 매개하여 질병과 위생상의 위해를 일으키는 위생해충류모기, 개미, 파리, 벼룩, 진드기, 바퀴벌레 등의 구제 또는 방제를 목적으로 사용되는 제제를 말한다. 소독 작업을 수행하는 물질을 소독제라 한다.

살균소독의 구비조건

살균소독의 수행 시에는 약제의 장·단점을 파악하고 적합한 약제를 선정해야 한다. 살균소독제의 구비조건은 살균소독력이 높을 것, 살균소독효과가 광범위할 것, 환경요인예를 들면 유기물질, 산도 등의 영향이 적을 것, 안전성이 높을 것, 균질성이 양호할 것 등이 있다.

소독약품의 분류

계열	작용기 종류		활성성분
할로겐	염소 수도물소독	무기염소	차아염소산나트륨, 차아염소산칼슘 등
		유기염소	이염화이소시아눌산나트륨
		이산화염소	아염소산염Chlorite, 이산화염소 등
	요오드		요오드, 요오드 칼륨, 요오드화수소산 등
계면활성제 세제	4급 암모늄		염화알킬C12-C16 벤질디메틸암모늄, 벤잘코니움클로라이드 등
	산, 음이온		데칸산, n-카르복실산, 노나논산 등
과산화	무기계		과산화수소
	유기계		과산화 초산 등
기타	페놀 석탄산		페닐, 페놀 등, 석탄산계수를 살균소독력의 기준으로 이용
	알코올		70% 에탄올 등

※ 소독약품의 종류 및 사용법(질병관리청 재교육 자료)

소독장비의 종류와 사용법은?

소독장비의 구분

소독장비에는 법정소독장비, 조사용照射用장비, 방제용장비, 안전장비로 크게 나눌 수 있다. 법정소독장비란 소독업 신고 시 필수장비로서 휴대용 초미립자 살포기ULV, 휴대용연막 소독기, 수동식분무기 등이다. 조사용장비에는 손전등, 유인포충기, 트랩, 페로몬 트랩 등이 있다. 방제용장비로는 법정소독장비 외에 연막소독기, 연무소독기, 오존소독기 등을 들 수 있다. 안전장비로는 안전모, 방독면, 방독마스크, 보호의복, 보호안경이 있다.

방역소독기

휴대용연무연막기

소형연막기

약제분사 시 유의사항

연막소독의 경우 먼저 이웃과 소방서에 신고 후에 작업을 실시한다. 화재로 오인하여 신고가 들어가는 수가 있다. 연막은 공기보다 가볍기 때문에 아래쪽을 향해서 분사해야 한다. 화초나 식물 등이 있을 경우 3m 이상 떨어져서 분사해야 한다. 약제조절 밸브를 적당량 만큼 조절한다. 소독을 마치면 약제조절 밸브를 먼저 잠그고 나서 시동을 꺼야 한다.

오염물질의 위생처리는?

오염물질의 분리

특수청소가 필요한 경우에 오염물질의 청소와 폐기처리에 대해서 생각해 본다. 특수청소 현장은 역시 죽음의 현장이기 때문에 일반청소에서는 예상치 못한 얼룩이나 오염물질이 나온다.

고인이 죽은 후 시신이 부패하기 시작하면, 특수청소업자가 고인의 방에 발을 들여놓기 전까지는 일반인들은 만지기 어려운 오염물질이 발생한다. 시신에서 떨어져 나온 부패물이나 혈액 등이 스며들어 말로 표현할 수 없는 악취를 풍길 수도 있다. 경우에 따라서는 고인의 배설물이나 머리카락 등이 있을 수 있다. 오염된 오물에는 세균과 해충이 번식하고 부주의하게 만지면 감염증으로 이어질 수도 있다.

오염물질의 밀봉

동물의 죽음과 비교해도 사람이 사망한 현장은 심각한 오염 그 자체이다. 동물은 죽자마자 다른 동물의 먹이가 된다. 동물은 먹이가 단순한 데 비해서, 인간의 음식은 다양하기 때문에 동물보다 몇 배나 더 강한 냄새를 풍기며, 밀폐된 방 안에서 생활하기 때문에 말 그대로 '오염의 장소'가 되어 버린다.

오염물질의 반출 시에도 부주의한 대처·처리는 세균·잡균이 발생하고 감염증 등으로도 이어질 수 있으므로 마음을 강하게 먹고 주의하여 대응하는 것이 바람직하다.

오염물질의 포장 시에는 액체가 새어 나오지 못하도록 비닐봉지로 밀봉해서 포장한다. 이때에도 비닐봉지 등이 찢어지지 않도록 이중봉투로 겹쳐서 밀봉한다. 오염물질을 담을 때에도 집게 등을 사용해서 오염물질을 직접 만지지 않도록 하며, 두꺼운 고무장갑을 착용하거나 고무장갑을 2겹으로 착용하고, 다른 사람에게 균을 퍼뜨리지 않도록 밀봉 포장해야 한다.

제3절

사망현장의 감염병 예방

QUESTION

사망현장의 감염병 예방은?

사망현장의 특수청소와 세균감염

사망현장의 특수청소와 관련하여 질병감염의 위험성을 살펴보면, 고독사 현장은 대부분 혈흔으로 오염이 되었거나 해충이나 세균이 득실거리고 있다. 비록 자연사라도 고인의 죽음 이후 시간이 오래되면 직접적인 감염병의 바이러스는 사멸死滅해 버렸다고 본다. 하지만 각종 세균이 번식할 수 있는 환경에 처해있기 때문에 질병 감염에 주의를 기울이는 것이 필요하다.

그중에 특히 주의해야 할 것은 바이러스성 감염증이다. 혈흔으로부터 혈액 감염이 될 위험이 있고, 세균이 묻어있는 물건을 만질 수밖에 없기 때문에 어떤 것을 만지면 감염 위험이 있을지를 염두에 두고 업무를 해야 한다.

2차·3차 감염 위험

또한 감염병에 대해서 주의해야 할 것이 2차 감염, 3차 감염으로 확산되는 것이다. 어떤 작업원이 작업 중에 부주의로 감염균에 오염이 되고, 작업 후 그대로 귀가해서 집 안의 물건과 접촉하거나 아이들과 접촉하면 어떻게 될까?

어른들은 면역력이 있기 때문에 크게 문제되지 않는 경우도 있지만 어린아이들을 만졌을 때는 만져진 손으로 눈을 비빌 수도 있고 손을 입에 넣을 수도 있다. 이런 식으로 2차 감염, 3차 감염으로 확산될 수 있다. 사망현장 특수청소는 한 사람의 부주의가 다른 사람에게 영향을 줄 위험성이 있다는 점을 항상 명심해야 한다.

사망원인 파악

감염증의 위험성 등에 대해서 사전에 대처하기 위해서는 어떤 것에 신경을 써야 할까? 작업을 시작하기 전에 먼저 고인이 무슨 병으로 돌아가셨는지, 어떤 약을 복용하고 있는지를 파악해 두면 좋다.

고인이 생전에 어떤 병으로 돌아가셨는지 사망원인을 알 수 있으면 미리 주의할 수 있다. 특히 코로나19와 같은 전염병으로 사망한 경우라면 특별히 주의하면서 업무에 임하도록 한다. 또한 사망 전에 복용하던 상비약이나 복용하고 있던 약을 살펴보면 감염병의 위험성을 줄일 수도 있다.

사체에서도 감염이 될까?

사체의 감염 위험

코로나19 바이러스, 사스나 메르스 같은 감염병에 걸려 돌아가신 시신은 사체로부터의 감염 위험을 생각해야 한다. 감염병의 원인이 되는 병원체인 바이러스가 우리 몸의 표면에서 얼마나 오랫동안 살 수 있는지는 알려지지 않았다. 사스와 메르스 등에 관한 연구에 따르면 이들 바이러스는 금속과 유리, 플라스틱 등의 표면에서 9일 동안 생존한다고 한다.

따라서 감염병환자의 감염병의 위험은 10일 정도 지나면 없어진다고 볼 수 있다. 자살이나 고독사, 사고 등 질병 이외로 사망한 시신에 대해서는 사망 후 감염 위험이 없을 것이다. 특수청소 현장에서 시신은 이미 이송을 마친 상태이기 때문에 사체로부터 직접 감염 위험은 없다. 다만, 환자가 접촉했던 물건이나 공기 중에 감염물질이 남아 있을 수도 있기 때문에 사체 주변의 물건을 함부로 만지면 감염 위험이 있다.

세균에 의한 감염 위험

시신은 사망 이후 48시간 후부터 내장에서 부패가 진행되기 때문에, 장관 내 세균이나 환경으로부터 세균에 의한 증식으로 부패가 진행되고 세균오염은 계속된다. 이것이 곧 감염병으로 이어지는 것은 아니지만 악취와 함께 세균오염은 계속된다. 작업 전에 반드시 살균 소독을 먼저하고 장갑을 끼고 마스크를 하는 습관을 들여야 한다. 또한 작업 도중과 작업종료 후에는 반드시 손을 씻는 습관을 들여야 한다.

QUESTION

사망현장의 자기방어는?

유품정리 시 유의점

사망현장의 특수청소를 수행하는 데에는 일단 사람이 사망했던 장소라는 점에서 위생관리가 필요하고, 주의해야 할 점도 많이 있다. 일단, 작업 중 예상되는 유의점으로는 다음을 생각할 수 있다.

첫째 코로나19나 B형간염 등 감염병의 위험성, 둘째 부패취_{腐敗臭} 직접 흡입 금지, 셋째 해충과 접촉 금지, 넷째 유품 접촉 주의 등이 있다.

감염병의 위험성

특수청소를 통해서 바이러스성 질병이 직접 감염되는 경우는 거의 없지만, 시신이 있던 자리에는 혈흔 등이 남아 있는 경우가 있다. 만일 시신이 코로나19 바이러스나 B형간염으로 사망하였다면, 그 혈흔이나 바이러스에 의한 감염의 위험성을 고려해야 한다. 대부분의 경우에는 어느 정도 시간이 지나면 바이러스균은 죽게 되므로 사망 후 오래된 경우라면 바이러스 전염은 안심해도 된다. 하지만 유품을 만지거나 이동 시, 특히 특수청소 시에는 반드시 장갑과 고글 등 방어 장비를 착용하고 작업해야 한다.

부패취시취 흡입방지

고독사 등의 경우에는 사망 후 시간이 경과된 뒤에 발견되어 시신의 부패가 시작되고 방 안 전체에 부패취로 가득한 경우가 많다. 부패취 등 악취도 충분한 환기를 한다면 문제없이 유품정리 작업을 할 수 있지만 오랫동안 시신이 방치되고 부패취가 만연했던 방의 '배어 있는 냄새'는 어찌할 수 없다. 이 부패취 때문에 유족들은 방에 들어가 보지도 못하고 특수청소업자에게 맡기는 경우도 가끔 있다.

이 냄새로부터 작업자를 보호하기 위해서는 환기를 시키는 것이 가장 좋지만 이웃에 피해를 주기 때문에 환기만으로는 불완전하고, 가급적 냄새를 직접 마시지 않는 것이 좋다. 특히 유기물이 부패하면서 생긴 황화수소가스를 조심해야 한다.

황화수소의 경우는 썩은 계란 냄새가 나기 때문에 즉시 알 수 있는데, 이 황화수소를 직접 흡입하면 작업자의 신체에도 영향을 미친다. 냄새가 심할 경우는 반드시 환기를 시키고 마스크방독면를 착용해야 한다. 예를 들어 단무지공장이나 축사의 정화조 청소 중에 질식사하는 경우는 모두 유기물이 부패하면서 생긴 황화수소H_2S가스 때문이다.

해충과 접촉 금지

마지막으로 해충으로부터의 보호를 들 수 있다. 사후에 오랜 시간이 경과한 경우에는 구더기가 대량으로 발생한다. 이는 시신의 부패를 틈타서 용출되듯이 발생하여 시신 발견이 늦은 경우에는 대량으로 발생하는 경우가 많다. 유품정리 전에 해충이 발견되면 먼저 제거해 주는 것이 바람직하다.

제거방법은 간단히 빗자루로 쓸어 담으면 되겠지만, 쓸어 담은 구더기를 그냥 버리면 안 된다. 알이 부화되어 구더기라는 유충이 되고, 유충이 다시 번데기가 되고, 번데기는 다시 성충파리으로 우화한다. 성충으로 우화한 파리는 여기저기 날아다니면서 전염병을 퍼뜨릴 수도 있다. 구더기를 사멸시키려면 살충제 등의 약제로는 시간이 걸리고 사멸시키기도 어렵다.

제4절
시신의 부패 과정

QUESTION

시신의 부패는 어떻게 진행되나?

1단계신선기: 시체가 부풀어 오르기 전

시신의 부패 과정은 온도와도 밀접한 관계가 있다. 겨울보다는 여름이 더 빨리 부패가 진행되지만 반드시 그렇다고 할 수는 없다. 한여름에 에어컨을 틀어놓거나 한겨울에 난방을 틀어놓는 경우가 있기 때문이다. 일단 사망 직후에는 어디선가 파리들이 몰려든다. 파리는 여기저기를 돌아다니며 혈액이나 분비물을 먹거나, 상처나 구멍 속의 습기가 있는 곳을 찾아서 알을 낳는다. 파리알은 대략 12~18시간이면 부화가 시작된다. 알에서 나온 구더기는 즉시 시체의 조직 속 부패물을 먹으면서 자라난다.

2단계팽창기: 시체가 부풀어 오르는 시기

모든 동물의 신체 내부의 소화기 계통에는 박테리아가 살고 있다.

살아 있는 생물체는 방어력이 있어서 부패되지 않지만, 사람이 죽으면 방어력이 없어지기 때문에 박테리아가 활동하면서 가스가 발생하고 가스로 인해 시체의 복부가 커다랗게 팽창하게 된다. 파리 알과 구더기는 계속 늘어나고 구더기의 활발한 활동과 혐기성 박테리아들로 인해 시체의 내부온도가 올라가게 되어 몸이 팽창한다.

이 단계까지는 파리에게 매우 매력적인 장소이고, 그 밖에도 별 잡다한 벌레들이 꼬여든다.

3단계붕괴기: 시체가 부패하는 시기

시체의 외부 조직을 먹는 구더기와 시체 내부를 침식하는 혐기성 박테리아의 활동이 절정에 다르면서 시체의 피부층은 뚫리고, 시체 내부에서 발생했던 가스가 외부로 빠져나가면서 부기가 빠진다. 이때까지는 시체에 습기가 남아있고 시체의 바닥과 주변에는 시체에서 흘러내린 부패액이 여기저기 고이게 된다. 이때부터 시체가 썩는 냄새인 시취屍臭가 나기 시작하고 이웃에서 냄새를 맡고 사망사실을 알게 되는 시기이다.

사망현장에서 특수청소관리사가 현장을 마주하는 시기는 대부분 붕괴기에 들어선 이후이다. 특수청소관리사가 도착했을 때는 이미 시체가 치워진 상태이기 때문에 현장에 남아있는 냄새屍臭와 구더기 등을 보고 그 시기를 추정할 수 있을 뿐이다.

4단계붕괴후기: 시체 부패가 끝나는 시기

붕괴기가 끝날 무렵이 되면 시체의 무게는 처음 무게의 20% 정도로 줄어들고 뼈와 가죽만 남은 상태가 되는 때이다. 특수청소관리사가 이 시기에 마주칠 가능성은 거의 없다.

5단계골격기: 부패가 끝나고 뼈만 남는 시기

시체의 붕괴가 완료되고 뼈만 남은 상태로 시체의 무게는 처음 무게의 10%밖에 남지 않는다. 남아있는 것이라고는 뼈다귀와 머리털 뿐으로 이미 부패에 관여하는 곤충도 찾아볼 수 없다. 이미 장례를 치르고 수년이 경과한 경우가 대부분으로, 골격기를 마주칠 가능성은 낮다.

QUESTION

해충발생으로 사망시기를 알 수 있나?

해충발생에 따른 경과시간 추정

경과시간	해충발생	비고
사후 24시간 경과	입, 콧구멍, 눈 등에 구더기가 생김	습기 있는 곳에 구더기가 보임
사후 약 8일 경과	구더기가 번데기로 변화한 때	시원한 곳에서 번데기가 보임

사후 약 3주 경과	구더기가 허물을 벗고 나왔을 때	번데기와 파리가 함께 보임

냄새屍臭와 부패물을 보고 경과시간 추정

경과시간	시취발생	비고
사후 24시간 경과	시체의 단백질이 분해되면서 화학작용을 일으켜 시체 특유의 냄새가 발생함	계절과 온도에 민감하기 때문에 시간을 특정하기 어려움
※ 냄새의 정도나 머리카락 등 부패물을 보고 대략적인 사망시기를 추정할 수 있다.		

QUESTION

사망현장 오염물질은 의료폐기물인가?

의료폐기물이란?

'의료폐기물'이란 보건·의료기관, 동물병원, 시험·검사기관 등에서 배출되는 폐기물 중 인체에 감염 등 위해를 줄 우려가 있는 폐기물과 인체 조직 등 적출물摘出物, 실험동물의 사체 등 보건·환경보호상 특별한 관리가 필요하다고 인정되는 폐기물로서 대통령령으로 정하는 폐기물을 말한다폐기물관리법 제2조 제5호.

의료폐기물 발생기관

의료폐기물 발생기관은 의료법, 지역보건법, 수의사법에 따른 병원, 의원, 이외에도 장례식장장사 등에 관한 법률 제29조, 노인의료복지시설노인복지법 제34조에서 발생되는 의료폐기물을 말한다폐기물관리법 시행규칙 별표3.

생활 쓰레기로 배출

유품정리 과정에서도 혈액이나 분비물과 머리카락 등의 인체조직, 이를 처리한 걸레 등의 물질을 의료폐기물로 처리해야 하는지에 대한 의문이 있을 수 있으나 위에서 살펴본 바와 같이 의료폐기물로 처리할 의무는 없다.

동물사체의 경우에도 동물병원이나 장묘시설이 아닌 일반 가정의 경우에는 생활폐기물로 분류하여 종량제 쓰레기봉투에 담아서 배출한다. 마찬가지로 유품정리 과정에서 발생하는 폐기물도 생활폐기물로 분류하여 종량제 쓰레기봉투에 담아서 배출한다.

제8편

유품정리 작업 후 단계

핫한 직업
유품정리사
특수청소관리사

QUESTION

작업종료 전 확인사항은?

의뢰인 최종확인

유품정리와 특수청소의 작업종료는 의뢰인으로부터 최종확인을 받는 것으로 종료된다. 의뢰인이 작업내용을 함께 참관하는 경우를 제외하면, 작업종료 예정시간을 미리 알려주고 그 시간에 다시금 입회하도록 한다. 작업종료 1시간이나 30분 전쯤에 연락해서 정확한 작업종료 시간을 다시 한번 알려준다.

유품정리 과정에서 발견된 현금이나 귀중품, 보존유품이 있으면 최종적으로 의뢰인유족에게 확인시키고 이를 인계한다. 유품정리 후에도 현장에 남아있어야 할 물건들렌털물건, 의뢰인이 지정한 물건 등의 상태를 최종적으로 확인시켜 준다. 특히 의뢰인이 건물소유주가 아닌 경우에는 가급적 소유주의 입회를 받는 것이 좋다.

사진확인

의뢰인이 최종점검에 입회하는 경우에는 작업완료 현장을 직접 확인하도록 한다. 증거사진으로서 유품정리 작업 전 사진Before과 작업 종료 후의 사진After을 찍어둔다. 의뢰인이 최종점검을 하지 않은 경우에는 증거사진After 사진을 의뢰인에게 송부하여 최종확인을 받는다. 안방, 건넌방, 거실, 주방, 화장실, 베란다, 현관 등을 차례로 촬영하여 빠짐없이 확인시켜 준다. 특수청소 과정이나 소독, 탈취 작업은 정지사진으로 확인이 불가하므로 동영상으로 촬영해서 확인시켜 준다.

이러한 사진들은 개인정보를 포함하기 때문에 정보유출에 주의해야 한다. 부득이 사용해야 할 경우라면 민감한 부분은 모자이크 처리해서 분쟁이 생기지 않도록 해야 한다.

주변정리 최종확인

현장을 벗어나기 전에 마지막으로, 현장 주변의 정리 상태를 점검하고 나서 현장에서 벗어난다. 작업을 마치고 현장을 떠나기 전에 혹시 미진한 부분이 없는지 다시 한번 확인한다. 특히 '냄새가 나는 물건'은 이웃에게 폐를 끼칠 수 있다. 복도나 엘리베이터에 냄새나 오염물질이 떨어져 있는지 확인하고 말끔하게 뒷정리를 한다. 아파트 등의 경우에는 출입문 바깥쪽의 복도까지 청소해야 한다.

유품정리 비용은 어떻게 정산해?

상속인 공동부담원칙

유품정리 비용은 상속인의 공동부담이 원칙이다. 하지만 대부분은 상속인 중의 한 사람이 유품정리를 의뢰하고 의뢰자가 지급한다. 계약금은 미리 받는 경우가 드물고 유품정리가 종료되고 나서 한꺼번에 받는다. 유품정리를 종료하고 의뢰인의 최종확인을 받으면 곧바로 현금 또는 계좌이체로 정산을 한다.

비용의 최종정산은 견적서의 금액으로 하지만, 가스비나 기타 비용을 선지급한 경우에는 이를 포함하여 추가정산한다. 현금이나 계좌이체를 이용하지만 현금보다는 계좌이체가 대세이다. 계좌이체는 회사의 공식계좌를 사용하지 않으면 후일 세금 문제가 생기므로 반드시 회사의 공식계좌를 통해서 결제한다.

계좌에 대금이 입금되면 영수증을 발행한다. 영수증은 세금계산서가 원칙이다. 세금계산서를 발행하는 경우 세금계산서에 들어갈 사업자등록번호나 주민등록번호를 파악해 두어야 한다.

상속재산에서 충당

유품정리 비용은 상속인의 공동부담이 원칙이지만, 유족 중의 한 사람이 유품정리 비용을 단독으로 부담했다면 이는 상속 비용으로 인정받아서 후일 상속재산 중에서 충당할 수 있다. 상속 비용으로 주로 발생되는 것이 장례 비용과 유품정리 비용인데 이는 상속재산에서 상속 비용으로 공제받을 수 있다_{대법원 판례}.

경우에 따라서는 주택 소유자가 유품정리 비용을 부담하는 경우도 있다. 이 경우 유품정리 비용을 누가 부담하는지는 유품정리사가 관여할 일이 아니다. 주택소유자와 임차인 간의 비용부담 문제는 양 당사자가 해결할 문제이기 때문이다.

QUESTION

유족의 슬픔치유Grief Care는 어떻게?

유족의 입장을 이해

유품의 정리를 끝내고 유품을 떠나보낼 때 유족들은 진짜 슬픔에 잠기게 된다. 한평생을 살아온 흔적이 겨우 트럭 한 대뿐인가 하는 아쉬움이 교차하는 순간이다. 고인에 대한 그리움이 클수록 유족의 상실감은 더욱 커진다.

유족의 입장에서는 직접 고인의 유품을 정리해야 하지만 유품정리 업자에게 유품정리를 맡긴 것에 대한 죄책감도 있을 수 있다. 사망현장은 유족이 들어가고 싶어도 들어갈 수 없는 특수한 장소가 되어있기 때문이다. 사망현장은 유족들이 정리해야 할 장소이지만 유족들이 직접 할 수가 없어서 누군가에게 도움을 청하는 경우이다.

유품을 소중히 대하는 마음

유품정리사는 고인의 유품을 소중히 대해야 한다. 현장이 아무리 더럽고 끔찍하더라도 더럽다거나 끔찍하다는 말을 해서는 안 된다. 고인에게 언사를 공손히 하고, 유품을 정성껏 대하는 태도를 보여주는 것이 중요하다. 정성을 다해서 정리해 드리면 유족들로부터 감사하다, 고맙다는 인사를 받게 된다.

유족에게 불신감을 주는 복장, 태도 등은 의뢰인에게도 실례가 되지만 돌아가신 고인에 대해서도 예의가 아니다. 고인과 유족을 생각해서 예를 갖춘 대응이 특수청소에서도 필요하게 되었다.

유족의 입장에서 대응

특수청소 현장은 변사체로 취급되는 현장이 대부분이다. 특히 고독사나 자살현장에서는 유족들의 죄책감을 덜어주는 것이 중요하다. 가뜩이나 자신에게도 책임이 있다고 생각하는 사람에게 잘못을 추궁하는 언사를 해서는 안 된다. 유족의 죄책감을 덜어주는 방향으로 위로해야 한다. 가뜩이나 죄책감에 주눅이 들어있는 유족의 기분을 자극해서는 안 된다. 고인이 현장에서 자신의 작업내용을 함께 지켜본다는 마음가짐으로 유족을 대하는 것이 중요하다.

제9편

생전유품의 정리

핫한 직업
유품정리사
특수청소관리사

생전정리의 대상

QUESTION

생전정리가 필요한 이유?

생전정리가 필요한 이유

유품정리업계에서 앞으로 더욱 확산될 것으로 예상되는 것이 '생전정리'이다. 지금까지는 '유품정리'처럼 유족을 중심으로 의뢰를 받았지만, 앞으로는 고령자들이 자신이 사망하기 전에 자신이 사용하던 물건들을 정리하는 생전정리 시대가 온다.

"내가 죽고 나서 아이들에게 짐이 되고 싶지 않다. 내 물건은 내가 정리하고 가겠다", "요양원에 입주하면 물건을 정리할 기회가 없기 때문에, 입주하기 전에 미리 짐을 정리하겠다", "부모님이 요양원에 들어가셔서 빈집에 남아있는 물건을 정리하고 싶다" 등 이유는 여러 가지이겠지만 결국은 남은 자들에게 폐를 끼치고 싶지 않다는 뜻이다.

유품정리에서 생전정리로

생전정리를 의뢰하는 이유는 다양하지만, 인생의 마무리를 준비하는 분, 요양원 입주 전에 미리 짐을 정리하고 싶은 분들이 늘어나면서 '생전정리'라는 형태의 유품정리 수요가 늘어나고 있다.

유품정리업계에서도 유품정리에 생전정리를 사업에 추가함으로써 수익향상이나 고객확보와도 연결되고 있다. 무엇보다 고령자와 생전부터 관계를 갖는다는 의미에서도 생전정리는 중요하다. 고령자와의 관계를 통해서 고령자들의 고민·불안 등을 없애주고 여유로운 삶을 살 수 있도록 도와주는 것이야말로 유품정리사의 바람직한 모습이라고 본다. 생전정리를 통해서 고령자와 관계를 맺고 고령자 복지에도 기여하면 좋겠다.

가족을 대신하는 생전정리

유품은 돌아가신 분들이 생전에 사용하던 삶이 배어있는 귀중한 물건이므로 소중히 다루어야 한다. 그러나 자신의 사망 이후에 자신의 유품들이 폐기물이나 쓰레기로 취급되는 것을 안타깝게 생각하는 분들이 많다. 더구나 이 물건들로 인해서 자녀들에게 짐이 되는 것을 걱정하는 사람이 많아지고 있다.

산업화로 핵가족이 되어 홀로 남은 1인가구가 증가하면서, 자신의 사후에 유품들을 어떻게 처리할지 부담감을 갖는 사람도 늘어나고 있다. 자신이 주도해서 생전정리를 하고 싶지만, 육체적으로나 정신적으로나 유품을 정리할 여력이 없는 사람이 늘어나면서 생전정리

수요도 늘어나고 있다. 과거에 유족들의 유품정리가 전문직업으로 대체된 것처럼, 생전정리도 유족을 대신하는 전문직업으로 탈바꿈하고 있다.

QUESTION

노후의 생전정리는 왜 필요해?

노후의 생활안전과 생전정리

유품정리는 그 시기에 따라서 노전老前정리, 생전生前정리, 유품遺品정리로 나눌 수 있다. 노전정리는 직장을 은퇴하고 자녀도 독립한 이후에 하는 정리이다. 생전정리는 노년가구가 된 이후에 자녀들에게 남길 것을 남기고 나머지를 정리하는 살아생전에 하는 마지막 정리이다. 생전정리는 노년에 필요한 생활환경을 갖추기 위해서도 필요하다. 생전정리는 가능하면 하루라도 빨리하고 홀가분한 노년을 보내는 것이 좋다.

생전정리는 출가한 자녀들의 어린 시절 물건들, 언젠가는 유품으로 물려줄 물건들을 선별하여 정리하고, 집 안에 방치된 물건, 유행이 지난 물건, 앞으로 사용할 일이 없는 물건들을 정리하여 노후생활의 안전과 쾌적한 주거생활을 하는 데 목적이 있다.

버리지 못하는 저장강박증

"부모님이 새 옷을 두고도 오래된 옷만 입지?", "새 그릇을 두고도 낡은 그릇만 사용하지?", "방 안에 왜 이렇게 물건이 쌓여만 있지?" 와 같이 어떤 물건이든 버리지 못하고 쌓아 두는 증상을 저장강박증이라고 한다. 저장강박증은 일종의 병이다. 물건을 버리지 못하는 이유는 "언젠가는 쓰겠지", "추억이 깃든 물건이야", "버리기 아까워" 등 여러 가지가 있다. 6·25를 겪고 보릿고개를 겪은 세대들은 근검절약을 미덕으로 알고 살아왔기에 멀쩡한 물건을 버리는 것을 죄악시한다.

부모님의 집을 정리하기

나이가 들면 아무리 마음을 먹어도 행동으로 옮기기가 쉽지 않다. 노화로 판단력이 떨어지면 물건 관리도 예전 같지 않다. 그런 상태에서 부모님께 집정리를 하라고 하는 것은 잔소리에 지나지 않는다. 부모님의 신체행동이 예전 같지 않으면 자녀들이 나서서 도와드려야 한다.

일본에서는 지붕의 눈을 치울 수 없는 부모님을 위해서 눈만 오면 눈을 치우러 친정에 다녀오는 딸의 이야기가 있다. 부모님의 집정리에 관한 책도 많이 팔리고 있다. 인터넷 서점 아마존에서 '実家の片づける본가의 집정리'를 검색하면 20여 권이 넘는 책이 판매되고 있는 것을 볼 수 있다.

낙상방지

고령자일수록 정리정돈은 건강유지에 필수적이다. 고령자에게 어질러진 집은 불편할 뿐만 아니라 위험하다. 나이가 들면 신체기능이 저하되어 조금만 걸려도 넘어지는 등의 사고가 쉽게 일어난다. 조그만 장애물에 걸려도 넘어지기 쉽고, 혼자 넘어져서 낙상을 하면 병상에 누워서 급격한 노화의 원인이 된다. 하루라도 더 건강하고 자기답게 살기 위해서 생전정리는 필수가 되었다.

QUESTION

유품정리와 생전정리는 뭐가 달라?

시기상의 차이

유품정리가 물건주인의 사후에 하는 것이라면 생전정리는 물건주인이 생전에 하는 것이다. 유품정리는 고인이 돌아가신 후에 유족이 중심이 되어서 상속재산을 정리하거나 폐기하는 것이기 때문에 남아 있는 모든 물건이 정리의 대상이 된다.

생전정리는 물건주인이 살아생전에 죽음 이후를 대비하는 생활정리이기 때문에 생존에 필요한 물품들은 남겨놓아야 한다. 다시 말해서 자손에게 넘겨줄 물건들만 남겨놓고 더 쓸 일이 없는 물건들을 정리하는 것이다.

목적상의 차이

유품정리는 돌아가신 분의 거소에 누군가가 살 수 있도록 공간을 정리하는 것이 목적이다. 생전정리는 꼭 필요한 물건들만 남겨서 남은 생활을 보다 쾌적하고 평안하게 보내는 것이 목적이다.

유품정리는 보존유품만을 남기고 모든 물건을 처리하는 것이 관심사이다. 생전정리는 생활에 필요한 물건들만 남기고 자녀들에게 물려줄 물건을 찾아서 보존하는 것이 관심사이다.

작업대상의 차이

유품정리는 고인이 살던 거소를 정리하는 것이기 때문에 정리대상은 상속재산인 보존유품과 폐기대상인 처리유품으로 크게 나뉜다. 처리유품은 재활용이나 폐기처리하기 위해서 모두 끄집어내기 때문에 유품정리는 대부분 하루 만에 종료된다.

생전정리는 생전정리 후에도 생활을 이어갈 장소이기 때문에 생전정리의 대상은 생존에 필요한 생활용품, 후세에 물려줄 상속물품은 남겨 놓아야 하기 때문에 시간도 더 오래 걸린다.

부모님의 생전정리

QUESTION

부모님을 어떻게 설득해?

버리기 싫어하는 부모님

노인들은 물건을 잘 버리지 못한다. 살아온 세월만큼 물건들이 쌓인다. 각 물건마다 세월 따라 사연과 추억이 쌓이기 마련이다. 전쟁과 가난과 결핍의 시대를 겪어온 세대일수록 근검절약이 미덕이고 물건 버리는 것은 죄악이다. 아끼다가 짐이 되는 경우도 많다. 꼭 필요한 물건만 구입하고, 미리미리 물건을 줄이는 습관도 필요하다. 장수 시대의 물건은 장수한다. 물건을 하나 사면 하나를 버리는 습관도 중요하다.

부모님 설득은 어렵다

부모님께 버리는 것을 설득하는 것은 어렵다. 물건을 버리기 싫어하는 부모님의 마음은 이해한다. 평생을 근검절약으로 살아오신 분들께 멀쩡한 물건을 버리라고 하는 것은 어렵다. 그렇다고 그대로 두면 자녀들의 부담만 커질 뿐이다. 부모님의 집정리는 부모님이 앞으로의 인생을 쾌적하고 안락하게 보낼 수 있도록 하는 작업이다. 부모님이 남은 시간의 소중함을 깨닫도록, 부모님의 편하고 안락한 삶을 응원하면서 이야기를 나누어보자. 부모님을 설득하려면 시간이 필요하다.

QUESTION

생전정리란 말을 어떻게 꺼내?

듣기 싫은 말씀

사람은 80이 넘어도 왕성하고 건강하게 살 것처럼 생각한다. 누구나 죽음에 관해서는 생각하기도 싫고 이야기를 꺼내기도 싫다. 생전정리 자체를 언급하고 싶지도 않다.

부모님이 고령이 되고 나서 자녀가 먼저 생전정리 이야기를 꺼내는 것은 어렵다. 이야기를 꺼내면 당장 인상이 변하고 만다. "너는 어쩜 그런 이야기를 쉽게 꺼내니"라고 한다. 살 만큼 살았어도 더 살고 싶은 것이 인간의 마음이다.

이러한 질문은 어머니도 아버지도 마찬가지이다. 부부 중 한 사람이 먼저 가시고 홀로 남아서 자신이 사후정리를 해야 하는 상황에서도 대답은 마찬가지이다. 사람은 몇 살이 되었든, 비록 너무 오래 살았다고 느끼면서도 살고 싶은 생각이 드는 것이다. 이것이 인간의 삶의 의욕이고 본능이다.

살고 싶은 본능

살고 싶다는 인간의 본능이 있는데 건강할 때부터 죽음준비를 생각하는 사람은 많지 않다. 생전정리란 자신의 죽음을 앞두고 마음과 신변을 준비하는 것이기 때문에 결코 하고 싶지 않은 일이라는 점을 이해해 두는 것이 중요하다.

특히 고령의 부모님께 듣기 싫은 얘기인 생전정리를 입에 올렸다가는 미움을 살 수도 있을 것이다.

생전정리 이야기를 꺼내야 할 때

생전정리 이야기를 꺼내야 할 경우는 먼저 이야기할 때의 상태, 즉 조건이 무르익었을 때 타이밍을 보아가며 꺼내는 것이 중요하다. 그리고 마음이 온화한 상태에서 꺼내야 한다.

상황	내용
(1) 고령자의 심신 상황	신체적으로 양호하고 마음도 평온한 상태에서 말씀을 꺼낸다.
(2) 생전정리를 꺼내는 사람	관계가 좋은 사람, 싫은 이야기도 받아주는 관계라야 한다.
(3) 푸념을 들어줄 사람	고령자가 자신의 생각을 먼저 꺼내도록 유도한다.

(4) 날씨는 어떠한가	자연환경도 중요하다. 비바람이나 매우 추운 날씨는 피한다.
(5) 이야기를 나누는 사람	둘만 있을 때가 좋은지, 다른 사람과 함께하는 것이 좋은지 생각해 본다.
(6) 시간대는 언제가 좋은가	아침인가, 점심인가, 그것도 생각해 두는 것이 중요하다.

QUESTION

생전정리 권유는 어떻게?

가만히 지켜보는 마음

생전정리를 긴급상황으로 이야기하면 필패한다. 일상의 대화 속에서 자연스럽게 '정리'를 권유하는 것이 상책이다. 사람은 나이를 먹으면 점점 일에서 멀어지고 친구도 적어지는 현실에서 외로움을 느끼게 된다. 자신의 죽음이나 죽음이 가깝다는 생각은 생각하기도 싫고 애써 외면하려 한다. 그런 가운데서 '죽음을 전제로 한 생전정리'는 생각하기도 싫고 몸도 따라주지 않는다. 가족들은 초조해하지 말고 느긋한 마음으로 지켜보는 것이 좋다. 무심코 하는 이야기 과정에서 자연스럽게 생전정리를 화두로 올리는 것이 좋을 것이다.

자연스러운 집정리

예를 들면 친구 부모님의 사례를 들어서, 친구 부모님이 얼마 전에 돌아가셨는데, "뒷정리를 미리 깔끔히 해놓고 가셔서 자녀들이 참 편했다더라"라는 이야기를 들려 드리는 것이다. 친구 부모님의 생전정리의 사례를 들어서 "돌아가시기 전에 모든 정리를 다 해놓고 가시는 것을 보니 존경스러웠다"라는 등의 이야기를 꺼내도 좋을 것이다.

가장 좋은 시기는 새봄이 왔거나 지루한 장마가 끝났을 때 "대청소도 좀 하고 분위기 좀 바꾸어 봅시다" 등의 일상적인 정리를 통해서 생전정리의 목적을 달성하는 것이 자연스럽다.

정리의 기준은 어르신

또한 어르신들은 특정 물건에 집착하시는 분들이 많다. 특정 물건에 집착하는 것은 어쩌면 당연하다. 그분에게는 추억의 물건이자 자신의 버팀목이라는 것을 이해해야 한다. 때로는 자녀들이나 유품정리사가 주인공이 되어 작업을 결정하는 경우가 있다. 비록 가족일지라도 주인공은 돌봐주는 분이 아니라 도움을 받으실 분 본인임을 잊지 말아야 한다.

강요는 금물

사람은 늙음 그 자체만으로도 깊은 슬픔Grief을 안고 살아간다. 늙기 전에는 잘하던 일들이 어느 순간 못하게 되는 것 자체로도 초조함과 불안을 안고 살아간다. 그런 분들에게는 정리보다도 더 급한 것이 슬픔치료Grief Care다. 최대한 평안하고 안심할 수 있는 환경을 만들어주는 것이 더 급하기 때문에 무리하게 강요하는 일은 없어야 한다.

고령자분들이 안심하고 생활할 수 있도록 배려하는 마음과 부모님처럼 접근하는 방법이 무엇보다도 중요하다. 사람은 누구나 마음이 안정되어야 가슴을 열기 때문에 생전정리도 마음의 안정과 안심이 있어야 비로소 가슴을 열 수 있다. 긴장관계가 아닌 애정을 바탕으로 신뢰관계를 쌓는 것이 중요하다. 생전정리를 권하고 싶다면 먼저 적극적으로 애정이 풍부한 환경을 만드는 것이 중요하다.

제3절

생전정리 기본규칙

QUESTION

생전정리도 규칙이 있어?

보관장소의 확보

생전정리를 하기 전에 먼저 머릿속으로 남길 물건, 보류물건, 처리 물건으로 나누어 큰 그림을 그려본다.

남길 물건은 계속해서 집 안에 두어야 하지만 나머지는 일단 잠시 보관해야 할 장소가 필요하다. 큰방 하나를 비워도 좋고 베란다나 차고車庫, 정원을 이용해도 좋다. 처리물건은 비바람을 조금 맞는 곳이 라도 상관없다.

정리순서를 정한다

모든 집정리를 하루에 끝낼 수는 없다. 길게 잡으면 열흘에서 한 달이 걸릴 수도 있다. 예를 들어서 사진과 앨범을 정리하는 데에만 2~3일은 족히 걸린다. 책을 정리하는 것도 2~3일 걸린다. 평생 동안 받은 상장이나 상패 기념패도 정리하는 데 하루이틀 걸린다.

다음은 집 안의 구조별로 순서를 정한다. 안방정리에 하루, 서재정리에 2~3일, 아이방정리에 하루, 주방정리에 하루, 거실정리에 한나절, 신발장정리에 한나절, 베란다정리에 하루 등 순서대로 일정을 잡는다.

한 번에 끝내겠다는 생각은 금물

일단 순서를 정했으면 순서대로 해야만 한다. 이곳저곳 기웃거리다가는 한 달 안에 끝내지 못한다. 오늘이 서재정리하는 날이라면 오로지 서재정리에만 몰두해야 한다. 옷장을 정리하다 말고 신발장으로 가고, 서재에서 사진을 정리하다가 책정리에 매달리고, 또 PC정리를 기웃거리다가는 서재정리에만 보름쯤 걸린다.

혼자 사는데 많은 물건은 필요 없다

혼자 사는데 집이 클 필요는 없다. 10평 남짓이면 충분하다. 잠자는 데 이부자리는 한두 채면 충분하다. 외출도 자주 하지 않으니 계절별로 옷 몇 벌과 신발 몇 켤레면 충분하다.

옛날 신혼살림 할 때 셋집에서 찬장 하나로 시작했다. 가벼운 프라이팬과 그릇 몇 개면 충분하다. 다시 신혼으로 돌아가자.

부모님이 요양시설이나 실버타운으로 옮겨야 한다면 이러한 물건들도 가져갈 수 없다. 가끔 자녀들이 본가에 왔을 때 필요한 것만 남기고 정리하자.

남길 물건은 자녀를 기준으로

아이들이 덮고 자던 이불, 아이들과 찍은 사진, 아이들이 가지고 놀던 인형, 아이들의 교과서와 성적표 등 자녀들은 독립했는데 물건만 그대로 남아있다. 물건도 독립시켜야 한다. 부모들이 함부로 버리지 못하는 아이들의 물건은 생전에 물려주는 것이 좋다. 자녀들이 골라가고 남은 물건은 과감하게 버려야 한다.

세대가 바뀌면서 자녀들이 선호하지 않는 물건들이 있다. 결혼해서 한평생 살면서 소중했던 자개장, 카메라, 전축, 장독, 다듬잇돌, 병풍, 목기, 왕골자리 등 정들었던 물건들을 버리기는 어렵다. 하지만 자녀들은 이런 물건을 물려받을 생각이 없다.

자녀 기준에서 필요 없으면 생전정리의 대상이 된다.

전문가의 도움을

모든 것을 혼자 하려면 힘도 들고 판단도 서지 않는다. 예를 들면 주방이나 베란다를 정리하는 것은 할머니가 잘한다. 옷장정리는 젊은 자녀들이 잘한다. 사진정리도 노인들이 하기보다는 자녀들이 살펴보고 보존할 사진을 골라내고 나머지는 버리도록 하면 어떨까?

책정리는 본인이 하는 것이 좋다. 책의 내용을 가장 잘 아는 사람이 본인이기 때문이다. 하지만 본인이 하다가는 열흘 걸려도 끝내기 어렵다. 자녀의 입장에서 필요한 책을 먼저 고르고, 전문가 입장에서 가치 있는 책을 고르고 나머지는 모두 폐기하면 어떨까?

가족들의 힘으로 도저히 엄두가 나지 않으면 유품정리업체의 전문가에게 맡기는 방법도 있다.

일본에서는 생전정리가 유품정리의 30%가 넘는다. 생전정리에 정통한 유품정리사를 투입하여 방 하나씩 전담하여 며칠 내로 생전정리를 끝낸다.

QUESTION

무엇을 어떻게 정리해?

부피가 큰 것부터 처분

생전정리에서 가장 먼저 해야 할 일은 신변에 불필요한 가재도구의 처분이다. 그렇다고 해도 무엇부터 손을 대야 할지 몰라서 당혹해하는 사람도 있을 것이다. 가재를 정리할 때의 기본은 큰 것부터 먼저 처분하는 것이다. 구체적으로 여분의 가구와 침구를 버리거나 사용하지 않게 된 가전, 필요 없게 된 자동차를 매각하거나 처분한다.

실내의 베란다, 벽장, 헛간, 차고의 넓은 공간을 점유하고 있는 가재도구나 농기구 등을 우선적으로 정리하면 집 안이 깔끔해지는 성취감을 얻을 수 있다.

중복물품의 정리

나이가 들어서 직장을 은퇴하고 본가로 합가했거나, 본인의 집을 정리하고 자녀의 집으로 들어갔거나, 요양원에 입소하는 등으로 물품이 중복되는 경우이다.

직장 관계 등으로 본가에서 떨어져서 생활하던 사람이 퇴직하고 본가로 합가하는 경우는 중복되는 물품이 많다. 이중 살림을 빨리 해소해서 가재도구를 한곳으로 모으고 여분의 가재도구는 처분한다. 취미생활과 자동차 등도 없애 살림의 슬림화를 하는 것이 필요하다.

여분의 물건 처분

여분의 의류, 식기, 조리기구, 책 등 작은 것을 정리한다. 또한 꼭 필요하지 않은 여분의 물건을 먼저 처리하고, 앞으로 사용할 가능성이 없는 것을 처리하는 것이다. 매일 생활에서 사용할 필요한 것만 남기고, 나머지는 차례대로 처분한다.

여분의 가구와 침구	사용하지 않는 가재도구
• 옷장, 테이블, 의자 등은 꼭 필요한 것만 남기고 처분한다. • 여분의 이불이나 침대는 대형 쓰레기로 배출한다결혼예물 등 여분의 침구가 많다. 깨끗한 것만 빼고 과감히 처분한다.	• 직장퇴임 후 본가로 돌아오면 여분의 가재도구가 많이 생긴다. • 고장 난 가전은 처분하고, 작동하는 가전은 재활용센터에서 매각한다당근마켓, 번개장터 등 인터넷 중고장터를 이용한다.

취미생활정리	타지 않는 자동차
• 취미생활로 사들였던 카메라, 그림도구, 고서적, 골동품은 귀중품만 남기고 처리한다. • 고서적, 그림, 수집품은 코베이 등 경매사이트를 활용하여 처분한다. • 나이를 먹으면서 중단한 운동기구는 필요한 사람에게 분양하거나 폐기한다.	• 꼭 필요한 자동차만 남기고 처분한다. 불가피한 경우 유지비가 적은 차량으로 대차한다. • 여분의 자동차는 매각하거나 폐차한다. • 운전하기 어려운 나이가 되면 면허를 반납한다.

QUESTION

신변물품정리는 어떻게?

친숙한 것부터 정리

생전정리의 첫걸음은 친숙한 것부터 정리하는 것이다. 먹고 자고 씻는 친숙한 것들은 하찮은 것 같아도 일상생활에 꼭 필요한 것들이다. 친숙한 것들 중에서 꼭 필요한 것만 남기고 먼저 정리함으로써 불필요한 것들이 명확하게 나뉘어진다.

친숙한 것의 정리는 먼저 필요한 것과 불필요한 것으로 나눈다. 필요한 것은 지금도 자주 쓰는 물건들이다. 필요한 것을 빼고 나면 나머지는 불필요한 것이다. 불필요한 물건이 없어지면 일상생활을 쾌적하게 보낼 수 있다. 신변물품정리는 자신의 몸에 무슨 일이 생겼을 때 가족이 당황하지 않도록 하기 위한 작업이므로 꼭 필요한 것만 남기는 것이 포인트이다.

보존품의 선별

추억이 있거나 지금도 쓰고 있는 것은 보존품으로 남긴다. 일기장이나 추억의 물건, 버리고 나면 후회할 가능성이 있는 것, 자신이 사용할 것은 아니지만 이용가치가 있고 타인에게 양도할 수 있는 것은 일단 보존품으로 남겨둔다. 추억의 물건이더라도 너무 많은 트로피, 상패, 기념품은 엄선하여 정말 중요한 것만 남기고 폐기한다. 추억이 깃든 사진도 너무 많으면 짐이 된다. 시대별, 사람별로 구분하여 중요도가 높은 것만 남기고 폐기한다.

처리품은 폐기

쓸 일이 없는 것은 처리품으로 분류한다. 지금은 필요 없지만 언젠가는 쓸 수 있겠지 하는 애매한 판단은 하지 않는다. 지금 쓰고 있지 않은 물건은 과감히 보존품에서 제외해야 한다. 더는 사용하지 않거나 마음에 들지 않는 것은 모두 처리품으로 분류한다.

처리품의 대표적인 것은 고장품과 용도폐기품이다. 조금만 고치면 쓸 수 있는 물건이라도 고장품이다. 용도폐기품의 대표적인 것이 필름카메라, 다 쓴 휴대폰, 삐삐, 보지 않는 책, 자녀들의 장난감 등이다. 과거 10년 이상 한 번도 쓴 적이 없는 것은 모두 용도폐기품이다.

쓰지 않아도 돈이 나가는 신용카드 연회비, 인터넷 사용료 등은 정리하는 것으로 방향을 세운다.

재활용 검토

신변정리를 하다 보면 불필요한 물건이 많아서 놀라게 된다. 불필요한 물건 중에서도 쓸 만한 물건은 곧바로 폐기하지 말고 재활용을 검토한다. 당근마켓이나 번개장터 등 온라인 사이트에서 필요한 사람에게 매각하거나 무료나눔 할 수 있다. 보석이나 명품은 오래된 디자인이라도 리메이크해서 자녀들에게 줄 수도 있다.

QUESTION

옷, 신발, 가방정리는 어떻게?

사용품 먼저 선별

가방이나 옷, 신발 중에서 버릴 것을 고르기는 어렵다. 막상 버리려고 하면 '아직 쓸 만한데' 하고 도로 집어넣게 된다. 그러다 보면 방구석마다 사용하지 않는 가방으로, 장롱 속에는 입지 않는 옷으로, 신발장에도 신지 않는 신발들로 넘쳐난다. 버릴 물건을 고르기는 쉽지 않기 때문에 반대로 입을 만한 의류, 신을 만한 신발을 먼저 고르고 남은 것은 모두 버리는 것이다. 의류, 가방, 신발은 재활용품으로 수집하는 물건이므로 업자들을 찾아서 연락하면 출장수거도 해간다. 미사용품을 고르기 전에 사용품을 먼저 고르고 나머지는 모두 폐기한다.

10년 지난 물건 폐기

은퇴하면 정장보다는 편한 복장이 대세이다. 현역 시절 입고 다니던 양복, 넥타이, 가방, 신발 등은 계절별로 깨끗한 것 한두 벌만 남기고 폐기한다. 과거 10년 동안 한 번도 입지 않았거나 유행이 지난 것을 폐기한다. 신발장에 가득 찬 신발 중에서 자주 신는 신발은 몇 켤레 되지 않는다. 구매한 지 10년이 넘은 신발은 고무의 탄력성이 떨어져서 신을 수도 없다. 과거 10년간 사용한 적이 없는 물건은 앞으로 10년 후도 사용할 일이 없다.

안 쓰는 물건 기부

기왕에 불필요한 물품을 버릴 바에야 좋은 곳에 쓰이는 것이 좋다. 의류, 가정용품, 가구 등의 기부를 공식적으로 받아주는 인기 있는 비영리 단체로는 굿윌스토어, 구세군Salvation Army, 밀알복지재단, 푸르메 천사가게, 초록우산 어린이재단 등이 있다.

기저귀와 같은 일회용품은 가까운 요양시설에서도 필요하다. 지역 노숙자 보호소에서는 의류, 세면도구, 침구와 같은 기본 품목을 항상 필요로 한다. 푸드뱅크에서는 부패하지 않는 식품과 개인 관리 및 위생 제품 기부를 받는다. 동물 보호소에서는 반려동물 사료와 장난감, 침구, 기타 물품 기부를 받는다.

마땅히 기증할 곳을 찾지 못하면 깨끗한 상자에 보관하였다가 외국에서 대형 재난이 닥쳤을 때 그 나라에 기부하면 좋은 일에 쓰일 수 있다. 기부 전에 먼저 해당 단체나 기관에 연락하여 어떤 품목을 허용하는지, 기부에 제한이 있는지 확인하는 것이 중요하다.

중고 사이트에서 판매

은퇴 후 서류가방은 1~2개면 충분하다. 배낭을 메고 다니는 것이 편하고 서류가방을 들고 다닐 일은 거의 없다. 해외 가족여행에 필요한 여행가방도 1~2개면 충분하다.

사용하지 않는 물건들은 경매 사이트나 중고물품 사이트를 통해서 정리해도 좋다. 상태가 좋은 브랜드 명품이나 새 옷 같은 옷, 인기 있는 신발은 인터넷 중고 사이트에서도 잘 팔린다. 옥션 중고장터, 코베이옥션, 서울옥션 등의 인터넷 경매 사이트, 당근마켓이나 번개장터 등의 중고물품 직거래 사이트를 이용하는 사람도 늘고 있다. 현역 시절 넘쳐나던 양주, 타월, 우산, 기념품 등은 중고사이트에서 팔거나 무료나눔 한다.

제4절

생전정리와 유품정리

QUESTION

생전정리도 유품정리인가?

내 뜻대로 생전정리

지금까지의 유품정리는 주로 고인의 사망 후에 유족들이 의뢰하는 것이지만, 앞으로는 본인이 생전에 스스로 정리하는 생전정리도 늘어날 것이다. 그 이유는 자기의 죽음도 스스로 준비해야 하는 시대가 되었기 때문이다.

산업화와 핵가족 시대가 되면서 부모세대와 자녀세대가 따로 사는 것이 당연한 시대가 되었고, 멀리 떨어져서 따로 살던 자녀들이 부모님의 유품에 대해서 모르기 때문에 사후 유품정리는 전혀 고인의 뜻과는 다른 방향으로 진행되기 때문이다.

내가 죽고 나면 내 물건들은 어디로 흩어질지 아무도 모른다. 내가 아끼던 물건을 다른 사람이 아무렇게나 처리하는 것이 마음에 내

키지 않는다. 나의 죽음과 나의 사후 문제도 스스로 결정하는 시대가
되었다.

힘 있을 때 생전정리

노인들만 살기에는 너무 큰 집 안에 평생 사용했던 물건들이 그대
로 있어서 생활에 불편을 준다. 출가한 자녀들이 두고 간 물건들, 거
의 사용하지 않는 운동기구들, 집 안 곳곳에 처박혀 있는 카메라, 앨
범, 맷돌, 장독 등 쓰지 않는 물품들로 넘쳐난다. 이러한 물건들은 옛
날 추억이 생각나서, 언제 쓸지도 모르니까 버리지도 못하고 그대로
두게 된다. 자녀들에게 유품정리의 짐을 떠넘기지 말고 자신이 힘이
있을 때 정리를 하는 것이 좋다.

안전한 생활환경

생전정리를 하면 여생을 안전하고 평안하게 지낼 수 있다. 생전정
리는 안전하고 편안한 생활과 직결된다. 생전정리로 물건을 들어낸
자리에 문턱을 없애주면 휠체어를 이용하기 좋고 걸려서 넘어질 위
험도 적다. 벽에 손잡이를 달아주면 잡고 일어나기도 좋고 낙상의 위
험도 줄어든다.

생전정리 영업대상

이유야 어떠하든 요양원 입소나 요양병원 입원 등으로 불필요한
짐들을 미리 정리하겠다는 사람이 늘어나면서 생전정리는 유품정리

의 한 형태로 자리 잡아가고 있다. 유품정리업체에서도 생전정리를 사업의 카테고리에 추가함으로써 수익성을 높일 수도 있다. 또한 생전의 고령자와 관계를 갖는다는 의미에서도 새로운 고객을 확보할 수도 있고, 지역사회에의 공헌으로도 연결할 수 있다.

QUESTION

생전정리 대응은 어떻게?

상담과 견적

유품정리와 달리 생전정리는 일생생활에 필요한 물건들을 남겨두고 정리하기 때문에 생활하시는 어르신의 의견을 반영해야 한다. 따라서 입회가 가능한 날짜를 미리 상담해야 한다.

생전정리는 고객의 사생활과 관련된 민감한 작업이므로, 신뢰할 수 있는 업체를 선택하는 것이 중요하다. 계약 전에 서비스내용, 비용, 주의사항 등을 꼼꼼히 확인해야 한다. 정리 과정에서 발생하는 문제에 대해 업체와 충분히 협의하고 해결해야 한다.

수십 년 된 단독주택의 경우에는 폐기물만 몇 톤이 나올 수도 있다. 상담이 끝나면 견적서를 제출하여 계약조건과 주의사항을 안내하고 계약을 체결한다. 유품정리업자는 상담내용과 견적을 바탕으로 정리일정과 작업방식을 협의한다.

정리계획의 수립

생전정리는 의뢰인의 직업이나 취미에 따라서 전문가를 투입해야 한다. 의뢰인의 직업이 학자인지, 법인대표인지, 자영업자인지, 농업인인지에 따라서 그 분야를 이해하는 전문가의 투입이 필요하다.

예를 들어 귀중도서를 많이 소장하신 학자분이면 전문서적이나 고서적에 조예가 깊은 작업자를 투입할 필요가 있다. 취미가 예술 쪽이라면 예능에 전문지식이 있는 작업자를 투입해야 유품정리가 가능하다. 일반 가정집이라면 정리수납 전문가를 투입해도 좋다.

자영업자의 경우에도 직업상 필요한 도구들이 많기 때문에 그 분야의 경험자가 유리하다. 산업폐기물이 있거나 창고에 폐기할 물품이 많은 경우에는 폐기물처리에 능통한 작업가가 필요하다. 일반적인 가정이라면 정리수납 전문가가 유리할 수도 있다. 유품정리업자는 협의된 정리방식에 따른 정리계획을 수립한다.

작업자 배치

유품의 분류와 수색은 일반적인 유품정리보다 인력과 시간이 많이 소요되는 점을 감안한다. 짧게는 2일에서 길게는 5일 이상 소요되기도 한다. 고객의 직업에 따라서 요구사항이 다를 수 있다.

예를 들면 사진만 정리하는 데에도 며칠이 걸릴 수 있고, 전문서적을 정리하는 데에도 며칠이 걸릴 수 있고, 직업이나 취미에 따라서도 다를 수 있다. 생전정리의 분류, 반출, 청소, 운반 등 정리 규모나 필요한 서비스에 대해서도 현장확인과 상담이 필수적이다.

정리해야 할 유품에 따라서 전문가를 포함한 적정인원을 배치한다.

물품 분류와 정리 작업

작업이 시작되면 전담인원을 파견하고 방별로 또는 물건별로 배치하여 작업을 실시한다. 작업배치를 받은 작업자는 의뢰인의 의사를 존중해 가면서 작업을 진행한다.

고객의 의사에 따라 필요한 물품은 보존하고 불필요한 물품은 폐기, 기증, 판매 등을 진행한다. 어떤 물건을 보존하고 어떤 물건을 폐기할 것인지 분류 과정에서 의문이 생길 때에는 그때마다 고객의 의사를 확인해 가면서 분류 작업을 진행한다. 분류가 끝난 유품에 대해서는 유품목록을 만들어서 제시하고 의뢰인의 확인을 받는다. 분류 과정에서 개인정보가 담긴 물품은 외부로 유출되지 않도록 안전하게 처리한다.

폐기물 정리와 마무리

재활용 가능한 물품은 분리수거하여 처리한다. 폐기대상 물품은 폐기물 전문업체를 통해 안전하게 처리한다. 물품이 정리된 후 공간을 깨끗하게 청소한다. 필요한 경우 소독, 방역 등을 진행한다. 마무리 정리 결과를 고객과 함께 확인한다.

QUESTION

빈집정리도 생전정리인가?

농어촌의 빈집 문제

노인들이 나이가 들고 혼자가 되면 농어촌 생활이 불편한 점이 많다. 생활이 편리한 도시로 나오면 농어촌의 주택은 빈집이 되기 쉽다. 부모님이 돌아가시면 그 집을 물려받아서 살아갈 사람도 없다. 이에 따라서 농어촌의 빈집과 잔존물 처리는 사회 문제로 떠오르고 있다.

고령자가 농어촌을 떠나간 후에 물건과 집이 그대로 방치되어 처리에 곤란을 겪는 경우가 있다. 어디서부터 어떻게 정리해야 할지 모를 뿐만 아니라 농어촌의 경우 집을 처분하는 비용이 더 많이 들기 때문에 아예 빈집으로 방치하는 경우도 많아졌다.

농어촌 빈집처리 특례법

농어촌에 방치된 빈집이 늘어나면서 2017년에 빈집 및 소규모주택 정비에 관한 특례법이 제정되었다. '빈집'이란 1년 이상 거주 또는 미사용인 주택을 말하는데, 붕괴 우려가 있거나 경관을 훼손하는 빈집은 철거를 명할 수도 있다.

농촌의 고령화와 인구 감소 문제가 가속화됨에 따라서 농어촌의 빈집 문제가 더욱 심각해지고 있다. 농어촌의 빈집은 화재나 붕괴 등 안전사고와 농어촌환경 저해, 범죄 장소 악용 등 다양한 문제를 야기할 수 있다. 이에 농어촌정비법을 개정하여 시장, 군수, 구청장은 빈집이 증가하고 있거나 빈집비율이 높은 지역을 '빈집우선정비구역'으로 지정할 수 있도록 하였다_{농어촌정비법 제64조의7, 2024년.1.2.일부개정.}

빈집정리와 유품정리

부모세대가 떠나간 농어촌의 빈집 문제가 심각해지고 있다.

고치자니 돈이 많이 들고 유지비도 만만치 않다. 매각하자니 온 집안은 물건으로 넘쳐나고 수리할 것도 많다. 부모님 집을 빈집으로 만들면 안 되는데, 누가 들어와서 살아주면 좋겠는데 집을 물려받아서 살 사람도 없고 1가구 2주택 문제도 있다. 농어촌 빈집을 처분하거나 수리하기 전에 먼저 필요한 것이 빈집정리이다.

농어촌의 빈집정리에서 필요한 것이 유품정리와 특수청소이다. 농어촌의 빈집정리에 대응한 유품정리와 특수청소가 유품정리업계의 새로운 업무영역으로 떠오르고 있다.

제5절

생전정리 성공사례

QUESTION

생전정리로 부동산 매각?

부동산 매각을 위한 생전정리

친정에서 혼자 사시던 어머니가 시설에 들어가시고 5년이 흘렀다. 살던 집이 빈집이 된 지 5년이 지나자 슬슬 빈집을 정리해야겠다는 생각이 들었다.

대상주택은 4LDK의 단독주택이었다. 빈집 상태에서 오랫동안 있었기 때문에 어디에 어떤 물건이 있는지 알 수 없고 청소도 하지 않았다. 이에 빈집정리는 물론이고 청소와 소독을 해주는 업체를 찾고 있었다. 생전정리를 마치고 나면 빈집 상태로 두기보다는 매각이나 임대를 염두에 두고 있었다.

이러한 요청에 따라서 부동산 매각을 위한 생전정리 상담을 하고 생전정리를 요청받았다.

유품수색과 일괄매입

유품은 어느 정도 정리했지만 방 안은 오염이나 먼지로 뒤덮인 곳이 많았고, 또 습기로 인해서 옷장 속의 옷은 곰팡이가 나고 일부는 구멍이 난 것도 있었다. 작업의 기본은 폐기물로 처리하되 귀중품이 있는지도 모르기 때문에 귀중품을 수색해 가면서 하나씩 작업을 진행해 달라는 요청을 받았다. 작업자를 한 방에 1명씩 인원을 배정하고 이틀간 폐기물을 정리해 가면서 귀중품을 찾는 작업을 병행했다.

수색 결과 가족들이 몰랐던 통장 1개, 장롱 속에서 고가의 손목시계 1개, 그 밖에 부모님의 소지품으로 가족들이 몰랐던 물건들이 많이 나왔다. 의뢰인으로서는 자신들이 처분하는 방법을 모르므로 유품정리업자가 일괄매입해 주기를 바랐다. 유품정리업자는 재활용품으로 판매 가능한 유품을 선별하여 금액을 매겨서 일괄매입해 주었다. 의뢰인은 일괄매입으로 유품정리 비용을 절감할 수 있었고, 폐기물처리업체에 일괄폐기를 의뢰하지 않길 잘했다는 말씀을 들었다.

QUESTION

사후 유품정리를 생전계약으로?

유언과 생전계약

지금까지 유품정리는 주로 유족이 의뢰하는 경우가 많았다. 앞으로는 고인이 자신의 사후에 유품정리를 의뢰하는 생전계약이 생겨날 것으로 보인다. 유품정리 서비스를 이용하려면 그에 따른 비용 문제가 발생한다. 이때 유가족 등과 계약을 맺은 경우라면 해당 유가족에게 비용을 청구하면 된다. 고인이 생전에 비용을 지급하고 사후유품정리를 의뢰하는 생전계약이라면 사후의 분쟁을 방지하기 위해서 상속권자의 동의서를 미리 받아두는 것이 좋다.

무연고자가 생전에 유품정리를 위임하는 경우라면 생전계약과 유언의 2가지로 나누어 생각해 볼 수 있다.

사후 유품정리계약

본인이 미리 생전계약으로 사후의 유품정리계약을 체결하는 경우이다. 유품정리 비용을 생전에 지급하고 유품의 소유권을 비롯한 처분을 위임하는 방법이다. 이런 경우 특별한 문제는 없지만 고인의 사망 이후에 정리해야 할 재산이 늘어났거나 계약에 포함하지 못한 유품정리가 발생한 경우 추가된 비용에 대한 청구 문제가 발생할 수 있는데, 이때는 민법 규정이나 양 당사자 간의 약정에 의해 결정하게 된다.

유언공증

유언으로 사후 유품정리를 위탁하는 경우에는 처리유품은 유품정리사가 임의로 처리해도 문제가 없겠지만, 보존유품은 상속의 대상으로 유가족의 소유에 속하기 때문에 유품정리사가 임의로 정리할수 없는 문제가 생긴다. 이러한 분쟁을 방지하기 위해서는 유품정리를 유언으로 할 때에 보존유품의 처리방법에 대해서도 언급해 두는 것이 좋다.

유언의 집행에 관한 분쟁을 방지하기 위해서는 유언공증을 활용하는 것이 좋다. 공증은 일반적으로 공증인가를 받은 합동법률사무소, 법무법인 및 임명된 공증인이 담당한다. 공증은 공증인이 당사자 간의 계약을 증명하여 분쟁의 소지를 예방하는 제도이다. 공정증서는 공문서로서 강력한 증거능력민사소송법 제356조이 있고, 강제집행에 있어서 집행권원으로서의 집행력을 지닌다민사집행법 제56조 제4호. 이렇듯 공정증서는 판결문과 같은 효력이 있기 때문에 생전계약으로 유품정리에 관한 계약을 할 때도 공증을 받아두는 것이 좋다. 본인의 사후에도 효력이 발생하도록 유언공증을 해두면 안전하다.

무연고자의 유품처리

유품정리 비용은 유가족에게 청구하면 되겠지만 무연고자이거나 유가족이 나타나지 않을 때는 어려움에 처할 수 있다. 무연고자의 경우는 특히 유언으로 장례의 방식과 주관자, 유품을 포함한 유산의 처리에 관해서 유언으로 명확하게 남기는 것이 좋다.

제10편

처리유품의 정리

핫한 직업
유품정리사
특수청소관리사

처리유품의 매수와 처분

QUESTION

유품의 매입의뢰는 어떻게?

예외적인 유품매입

유품은 유족이 직접 처분하는 것이 원칙이고 유품정리사에게 매수를 요구하는 경우는 극히 드물다. 현금이나 귀금속, 보석류와 같은 현금성 자산을 매입해 달라고 요구하는 경우는 거의 없다. 다만, 가구나 가전제품같이 부피가 크고 운반이 어려운 물건은 유품정리업체가 매입해 줄 것을 요구하는 경우도 있다. 의뢰인으로부터 유품매각을 의뢰받은 유품정리업체는 위탁받은 물품을 매각한 후에 수수료를 공제하고 판매대금을 정산하는 것이 원칙이다. 하지만 의뢰인은 매각의뢰가 아니라 유품정리업체가 직접 매입해 줄 것을 요구하는 경우가 있다.

유품의 매각은 원칙적으로 본인이 하는 것이고 유품정리업체에 매입을 의뢰하는 경우는 거의 없지만, 상호 간의 편의를 위해서 예외적으로 가격을 매겨서 매입에 응해주는 경우도 있다. 이 경우에는 총 견적가격에서 매입가격을 차감해 주는 형식으로 매입에 응하기도 한다.

인기 가전제품 매입

유품정리업체에서는 의뢰받은 유품이 어떻게 팔릴지 모르기 때문에 판매가 확실하지 않으면 매수하는 경우가 거의 없다. 대체로 5년 이내의 TV, 냉장고 등 인기 가전제품 중에서 중고품으로 재판매가 가능한 제품에 한해서 매입요구에 응하기도 한다.

과거에는 중고가구를 매입하는 경우도 있었지만 요즈음은 가구류 재판매가 거의 안 되기 때문에 매입에 응하지 않는 것이 좋다. 건축, 스피커 등의 음향기기나 주방기기, PC 등 컴퓨터류도 재판매가 어렵기 때문에 매수에 응하기는 어렵다.

매입물품 재판매

유품현장에서 매입한 물품을 재판매하는 경로는 거의 없다. 유품정리 현장에서 매입해 온 가전제품은 오랫동안 냄새와 먼지에 노출되어 있기 때문에 세척과 청소는 필수적이다. 청소와 세척을 마친 중고제품은 인터넷 등의 중고장터에서 매각하는 경우가 많다. 위탁판매가 아니라 매취로 가져온 물건이기 때문에 중고품 매각금액은 회사의 폐기물처리 비용에 충당하는 등 회사의 잡수익이 된다.

QUESTION

고물매입 의뢰는 어떻게?

고물매입에 대한 요청

아주 드물기는 하지만 집 안에 있는 물건 중에서 고물로 처리할 수 있는 물건을 매입해 달라는 요청을 받기도 한다. 집 안의 물건들을 정리하다 보면 종이, 의류, 고철, 플라스틱과 같이 고물상에서 매입해 주는 물건들이 있다. 이러한 고물을 매입해 달라는 요청에는 응할 수가 없다.

왜냐하면 고물들을 종류별로 구분하고 고물상에 가져가는 경우에도 인건비와 경비가 들어가는데, 고물처리 비용 대비 고물금액은 미미하기 때문이다. 고물을 회사로 싣고 와서 처리하는데, 자리만 차지하고 운송비가 들기 때문에 고물을 매입해 올 실익이 없다. 따라서 돈을 주고 고물을 매입하지는 않고, 유가족이 직접 고물을 처리하거나 원하는 경우 폐지 줍는 노인 등에게 수거를 부탁하는 상황은 간혹 있다.

일본에서는 유품의 매입을 전문으로 하는 업체도 있다.

유품 전체의 매입요청

아주 드물기는 하지만 집 안에 있는 물건을 다 드릴 테니 집 안의 물건을 무료로 치워달라는 요청을 받기도 한다. 말하자면 집 안에 쓸 만한 물건도 있으니 이 물건을 모두 가져가는 대신 유품정리를 해 달라는 것이다. 다시 말해서 유품정리업체가 집 안의 생활잡화를 무료로 수거해 가는 대신 유품정리를 무료로 해 달라는 요청이다.

하지만, 유품정리업체는 이러한 요청에 응해서는 안 된다. 유품정리업체가 별도의 생활잡화를 판매하는 시스템을 갖추기도 어렵고, 인건비 등 판매원가를 계산하면 실익이 없다. 유품정리업체는 본업이 유품정리이지, 생활잡화 판매업이 아니라는 점을 이해시켜서 유품의 매입요청은 거절하도록 한다.

집 안의 물건을 판매하기를 원한다면 고물상을 부르거나, 구제 숍에 출장매입을 의뢰하도록 하는 편이 좋다.

QUESTION

처리유품은 어떻게?

기부 또는 판매

유품정리 현장이 거동이 불편하신 어르신들이 많다 보니 기저귀, 화장지, 쌀, 복지용구 등의 생활용품이 많이 나오는 편이다. 아직 쓸 만한 물건을 폐기처리하기보다는 주변의 노인복지시설을 찾아서 소모품을 기부하는 것도 좋은 일이다.

유품으로 수거해 온 처리유품 중에서 미사용품으로서 유통기한이 남아있고, 오래 보관할 수 있는 물품들은 원하는 사람에게 중고품으로 판매하기도 한다. 고객의 입장에서는 판매 가능 물품을 매입해서

팔고 판매금액을 유품정리 비용에서 공제해 주기를 바란다.

하지만 이러한 요구에는 응할 수 없다. 우선 상품의 구색이 맞지 않고 상품의 균일성도 없다. 구제 숍을 열어놓고 판매하기에는 인건비 회수도 안 된다. 그저 창고에 보관했다가 당근마켓 등의 중고거래 사이트에서 판매하는 정도의 부대수입은 있을 수 있지만 금액도 미미하다.

폐기물로 처리

처리유품으로 수거한 물품 중에서 상품화할 수 있는 것을 제외하고 나머지는 모두 폐기한다. 일단 개봉했거나 미개봉 물품이라도 유통기한이 얼마 남지 않는 것들은 모두 폐기해야 한다. 아깝다고 재활용하다가는 문제가 더 커질 수 있다.

제2절

처리유품의 소각, 보관, 폐기

QUESTION

유품소각은 어떻게 하나?

유품소각 금지

개인적으로 유품을 매립하거나 소각하는 것은 법으로 엄격히 금지하고 있다. 누구든지 폐기물관리법에 따른 허가 또는 승인 없이 폐기물을 매립하거나 소각할 수 없고 이를 위반하면 처벌을 받는다폐기물관리법 제8조제2항, 제68조제3항. 아마도 생활 쓰레기를 소각하는 과정에서 화재의 위험이 있고, 다이옥신 등 유해물질의 발생을 방지하기 위한 조치로 보인다.

허가업체를 통한 유품소각

예로부터 우리 선조들은 고인의 체취가 묻은 옷가지, 이불 등 신변물품 등을 그냥 버리지 않고 한곳에 모아 태워드렸다. 유품을 태워드리면 저승에서도 그대로 입고 덮고 자는 데 사용할 수 있다고 믿었다. 보통은 장례 당일 또는 삼우제 때에 산소 주변에서 태워드리거나, 49재를 마치고 사찰에서 소각해 드렸다.

이러한 전통 때문에 유족들은 당연히 고인과의 추억이 담긴 물건이나 체취가 남아있는 옷가지, 이불 등을 소각해 드리기를 원한다. 이 경우 개인적으로 유품을 소각하는 것은 불법이기 때문에 허가받은 소각업체를 통해서 소각해야 한다.

유품소각 대행업체

폐기물 소각 시 발생되는 다이옥신 등의 유해가스 때문에 대도시 주변에서 유품소각 허가를 받기는 쉽지 않다. 허가받은 업체가 어디에 있는지 잘 알 수 없기 때문에 대부분은 유품정리업체를 통해서 유품소각을 한다.

유품정리업체에서는 유품을 직접 수거하거나 택배로 의뢰를 받는다. 유품소각 비용은 무게가 아니라 부피로 계산한다. 유품정리업체에서는 소각을 의뢰받은 유품을 허가받은 유품소각업체로 보내어 소각한다.

유품소각업체에서는 정해진 날짜에 맞추어 고인의 위패를 작성하고 종교별 의식을 치른 후 소각로에서 소각을 한다. 소각 전후의 모든 사진과 동영상을 촬영해서 이메일로 보내거나 홈페이지에 업로드해 준다.

QUESTION

유품보관은 어떻게 하나?

권한과 의무 없는 유품보관

장사 등에 관한 법률에 의하면 시장 등은 관할 구역 안의 시신으로서 연고자가 없거나 연고자를 알 수 없는 시신에 대해서는 조례로 정하는 바에 따라 장례의식을 행한 후 일정 기간 매장하거나 화장하여 봉안한다법제12조. 유류금품의 처리에 관해서는 시장 등이 무연고 시신 등을 처리한 때에는 사망자가 유류한 금전 또는 유가증권으로 그비용에 충당하고 그 부족액은 유류물품의 매각대금으로 충당할 수 있다법제12조의2.

상속인 없는 재산의 처리에 관해서는 장사 등에 관한 법률이나 사회복지사업법 등의 특례가 있기는 하지만 원칙적으로는 민법의 규정에 따라서 처리하고 잔액은 국고에 귀속된다. 따라서 무연고자의 유품이라고 해서 유품정리업자가 처분할 권한도 보관할 의무도 없다.

유품정리업자는 무연고자의 유품을 보관할 의무도 없고 제3자인 의뢰인도 그냥 모두 폐기처리해 달라는 경우가 많다.

무연고자의 유품보관

유품정리 현장에서는 유가족이 있다면 당연히 보존유품으로 처리해야 할 고인의 정서적 유품이 발견되는 경우가 있다. 유품정리업자는 이를 보관해야 할 의무는 없지만, 누군가가 연고가 있다면 이 유품을 찾을 수도 있을 텐데 하는 망설임을 갖게 된다.

아주 가끔이지만 유가족이 이민을 갔거나, 사망사실을 몰랐다거나, 연락을 받지 못한 경우에 나중에 사망사실을 알고 유품정리업체로 연락이 오는 경우도 있다고 한다. 무연고 사망자로서 유품보관의무는 없지만 만에 하나 연고자가 나타날 것에 대비해서 정서적인 유품이나 중요한 물품은 일정 기간_{무연고자의 유골을 보관하는 기간} 등 보관하는 유품정리업체도 있다.

QUESTION

폐기물처리는 어떻게 하나?

폐기물의 분류

폐기물처리에 관한 기본법은 폐기물관리법이다.

이 법에서 '폐기물'이란 쓰레기, 연소재燃燒滓, 오니汚泥, 폐유廢油, 폐산廢酸, 폐알칼리 및 동물의 사체死體 등으로서 사람의 생활이나 사업활동에 필요하지 아니하게 된 물질을 말한다_{법제2조제1호}. '생활폐기물'이란 사업장폐기물 외의 폐기물을 말한다. '사업장폐기물'이란 배출시설을 설치·운영하는 사업장이나 그 밖에 대통령령으로 정하는 사업장에서 발생하는 폐기물을 말한다. '지정폐기물'이란 사업장폐기물 중 폐유·폐산 등 주변 환경을 오염시킬 수 있거나 의료폐기물醫療廢棄物 등 인체에 위해危害를 줄 수 있는 해로운 물질로서 대통령령으로 정하는 폐기물을 말한다_{법제2조각호}.

생활폐기물로 배출

'생활폐기물'이란 사업장폐기물 외의 폐기물을 말하며 생활폐기물의 수집운반은 대부분 지방자치단체의 청소과에서 처리한다. 생활폐기물은 아래의 방법으로 종량제 쓰레기봉투 또는 음식물 쓰레기봉투에 담아서 배출한다. 재활용 쓰레기, 대형폐기물은 현장에서 배출하거나 회사로 싣고 와서 한꺼번에 처리한다.

종류	배출방법
1) 소각이 가능한 생활폐기물_{타는 쓰레기}	소각이 가능하고 재활용이 불가능한 쓰레기이다. 알맞은 규격의 종량제봉투를 구매하여 배출한다.
2) 소각이 불가능한 생활폐기물_{안 타는 쓰레기}	도자기, 유리, 그릇, 화분, 기타 타지 않는 쓰레기는 불연성 쓰레기봉투_{규격마대}에 담아서 배출한다.
3) 재활용이 가능한 폐기물 재활용 쓰레기	종이, 플라스틱, 유리병, 캔고철 등은 재활용품 배출장소에 배출한다.
4) 대형폐기물_{대형 쓰레기}	침대, 장롱 등 대형폐기물은 대형폐기물 스티커를 구매하여 대형폐기물에 부착하고 대형폐기물 수거업체에 신고 후 배출한다. 대형폐기물 수거업체에 수거를 요청해도 된다.
5) 음식물 쓰레기	동물이 먹을 수 있는 것이 음식물 쓰레기의 기준이다. 음식물 쓰레기봉투에 담아서 지정된 수거장소에 배출한다.

고물상에 배출재활용폐기물

'재활용'이란 폐기물을 재사용·재생이용하거나 재사용·재생이용할 수 있는 상태로 폐기물로부터 에너지를 회수하거나 회수할 수 있는 상태로 만들거나 폐기물을 연료로 사용하는 활동으로서 환경부령으로 정하는 활동을 말한다법제2조제7호.

폐기물처리 신고업무 처리지침에 따른 폐기물처리 신고를 하고 폐기물을 재활용할 수 있는 자폐기물관리법 시행규칙 별표16는 우리가 흔히 부르는 고물상에 해당하는 자이다. 고물상이 수집하는 재활용품에는 다음과 같은 것이 있다.

구분	내용
폐지·고철·폐포장재·종이팩·유리병·금속캔·합성수지폐기물처리 신고업무 처리지침 2-2	2) 폐지, 고철, 폐포장재「자원의 절약과 재활용 촉진에 관한 법률 시행령」제18조에 따른 재활용 의무대상인 종이팩·유리병·금속캔 및 합성수지 재질의 포장재 및 1회용 봉투·쇼핑백만 해당를 수집·운반하거나, 선별·압축·감용減容·절단하여 재활용하는 자로서 다음에 해당하는 자
폐의류·폐섬유, 폐자동차·폐가전제품폐기물관리법 시행규칙 별표16	13. 폐의류 또는 폐섬유폐원단 조각만 해당한다를 재활용하는 자
	4의2. 폐자동차 또는 폐가전제품냉매물질이 포함된 냉장고 및 에어컨디셔너는 제외한다을 별표4의2 제1호가목1)·나목1)의 재활용 유형에 따라 수리·수선하여 다시 사용할 수 있는 상태로 만드는 자

유품정리 과정에서 수집해 온 폐기물 중에서 재활용이 가능한 것은 재활용품으로 판매하면 된다. 주변의 고물상을 찾아 거래하면서 받아주는 물건과 받지 않는 물건을 선별해서 거래하면 된다. 폐기물의 양이 많아서 현장에서 고물로 처리해야 하는 경우에는 인근의 고물상을 찾아서 고물로 처리하면 유품을 수집·운반하는 양을 줄일 수 있다. 대부분의 지도 앱에서 '고물상'을 검색하면 주변의 고물상 위치를 쉽게 알 수 있다. 그곳에 전화해서 받아주는 재활용품의 종류를 확인하고 가져가면 된다.

폐목재의 처리

유품정리 폐기물 중에서도 상당량을 차지하는 것이 폐목재이다. 폐목재를 재활용으로 받아주는 곳이 많지는 않다. 금속이나 유리 등의 이물질이 과도하게 붙어 있는 것, 자개, 호마이카, 옻칠이 되어 있는 것, 대나무류는 제외해야 한다.

폐목재수집공장은 사전에 등록을 한 업체에 한해서 폐목재를 받아준다. 출입일지를 쓰고 내용을 신고해야 한다. 화물차를 입고해서 하차 준비가 끝나면 대형 중장비로 짐을 밀어 내린다. 폐목재공장에서는 폐목재를 수집하여 MDF, PB파티클보드로 가공을 한다.

가구 등을 생활 쓰레기로 배출할 때에는 보통 스티커보통 딱지라고 함를 붙여서 배출하는데, 폐목재처리공장에서는 무료로 받아주는 곳이 많다. 유품처리업체 입장에서는 무료로 받아주는 것만으로도 고마운 일이다. 혼합폐기물로 처리하면 처리 비용이 드는데 폐목재로 처리하면 폐기물처리 비용이 절감된다.

폐가전제품의 처리

처리유품 중에서도 가전제품이 상당량을 차지한다. 가전제품 수집업체에서는 모든 가전제품을 다 받아주는 것은 아니다. 특히 전축이나 스피커 등 음향기기, 카메라, 청소기 등 소형가전은 받아주지 않는 곳이 많다. TV, 모니터, 냉장고, 김치냉장고, 세탁기, 에어컨, 전자레인지, 가스레인지, PC 본체 등 자기들이 수집하는 제품만 받아준다. 개당 1천 원부터 1만 원까지 금액을 계산해서 매집해 준다.

트럭으로 한 대 싣고 가도 몇만 원에 불과하지만 폐기물처리 비용이 들지 않고 작은 금액이라도 보상을 해주기 때문에 한군데 모아두었다가 폐가전업체에 싣고 가서 재활용품으로 판매를 한다. 출장수거를 하는 곳도 있다고 하는데 이 경우는 대부분 무료로 수거를 한다.

혼합생활폐기물의 처리

혼합폐기물이란 법적인 용어는 없다. 다만 '혼합건설폐기물'이라는 용어가 있는데, 건설폐기물 중 둘 이상의 건설폐기물이 혼합된 것을 말한다건설폐기물의 재활용 촉진에 관한 법률 시행령 별표1 17호.

유품정리를 하다 보면 이불, 거울, 화분, 슬리퍼 등 재활용품으로 분리배출이 불가능한 온갖 잡쓰레기가 발생하는데 이러한 잡쓰레기를 받아주는 업체가 있다. 여기서 말하는 혼합쓰레기란 이러한 잡쓰레기를 말하는데 굳이 분류하자면 가정에서 나오기 때문에 생활 쓰레기이고, 여러 가지가 섞여있기 때문에 혼합쓰레기이다. 편의상 혼합생활폐기물이라고 한다.

혼합생활폐기물을 처리해 주는 업체는 대부분 '○○환경'이라는 이름으로 영업을 한다. 혼합생활폐기물을 싣고 가면 업체명과 주소, 담당자가 서명을 한 후에 폐기물의 무게를 계산해서 처리 비용을 받는다. 폐기물처리 비용은 회사마다 다른데 보통은 톤당 금액으로 받는다.

폐기물처리 비용은 유품정리 비용에서 인건비와 함께 많은 부분을 차지하게 되므로 유품정리 견적을 산출할 때 폐기물의 분량을 예측하는 것이 중요하고 노하우에 해당한다. 원룸인지, 2룸인지, 3LDK, 아파트 24평형, 단독주택 등에서 배출되는 폐기물의 양을 면적으로 나누어서 평당坪當 또는 ㎡당 평균 폐기물 양을 측정해 두는 것도 견적산출에 도움이 될 것이다.

마치는 글

이 책은 한국엔딩협회의 유품정리사/특수청소관리사 민간자격증 강좌개설을 위한 전문가용으로 개발되었다.

처음으로 책의 집필을 시작할 때에는 유품정리사 양성을 목표로 책을 쓰기 시작했는데, 막상 책을 써 내려가면서 유품정리와 특수청소를 분리해서는 안 되겠다는 생각이 들었다. 결국은 유품정리사와 특수청소관리사를 동시에 만족시켜야 하는 교재가 되고 말았다.

우리나라가 초고령사회를 넘어서 후기고령사회로 나아가면서, 유품정리와 특수청소에 대한 수요도 계속 늘어날 것으로 보인다. 모쪼록 이 책을 통해서 유품정리업, 특수청소업이 우리나라의 새로운 직업영역으로 자리를 잡고 유품정리사, 특수청소관리사 제도가 안착되기를 기대한다.

지금까지 유품정리업에 뛰어들지 못했던 청소업자, 소독업자, 재활용센터, 철거업자, 폐기물업체 등에서도 유품정리업계와 차별화하거나, 유품정리업계에 새로이 진입하는 계기가 될 것으로 보인다.

모쪼록 이 책이 유품정리와 특수청소업계의 기본서로서, 준법정신과 직업윤리에 기반한 가이드북으로 활용되기를 기대한다. 또한 유품정리와 생전정리에 관심이 있는 일반 소비자들께도 유품정리를 이해하는 데 도움이 되었으면 한다.

이 책이 세상에 나오기까지 많은 분들께서 도움을 주셨다.

유품정리사라는 직업을 이해하고 유품정리사의 길을 열어주신 일본의 유품정리사인정협회, 유품정리 전문회사에서 현장경험이라는 소중한 기회를 주신 사장님과 동료 여러분, 이 책이 세상에 나오도록 주선해 주신 글로벌콘텐츠 대표님과 직원 여러분, 유품정리사/특수청소관리사 자격증 강좌를 개설해 주신 신한대학교 평생교육원장님과 오늘라이프 인재개발원장님께 감사드린다.

2025년 5월 저자 씀

참고문헌

박승희(역), 『부모님의 집 정리』, 즐거운상상, 2021.

장봉석, 『유산·유품정리사 들여다보기』, 노인연구정보센터, 2014.

木村榮治, 『遺品整理士という仕事』, 평범사, 2015.

事件現場特殊淸掃센터, 『사건현장 특수청소관리사 양성강좌(교본, 자료집, 문제집)』, 2023.

阿部 鋼, 『유품정리 コンプライアンス, クリエイト日報 出版部』, 2015.

遺品整理士認定協會, 『유품정리사 양성강좌(교본, 자료집, 문제집)』, 2022.

赤澤健一, 『遺品整理業, 始めました』, 출판문화사, 2012.

特掃隊長, 『特殊淸掃, 携書』, 2014.

유튜브 검색: 스위퍼스 길해용, 유품정리사 직업 도전
(https://www.youtube.com/watch?v=Apt2HIhUwBY&t=312s)

일본유품정리사인정협회 홈페이지(https://www.is-mind.org/)

일본사건현장특수청소센터 홈페이지(https://www.csc-mind.org/)

핫한 직업 유품정리사/특수청소관리사

© 김두년, 2025

1판 1쇄 인쇄_2025년 5월 5일
1판 1쇄 발행_2025년 5월 15일

지은이_김두년
펴낸이_홍정표

펴낸곳_글로벌콘텐츠
　　　등록_제25100-2008-000024호

공급처_(주)글로벌콘텐츠출판그룹
　　　대표_홍정표 이사_김미미 편집_백찬미 강민욱 남혜인 홍명지 권군오
　　　디자인_가보경 기획·마케팅_이종훈 홍민지
　　　주소_서울특별시 강동구 풍성로 87-6 전화_02-488-3280 팩스_02-488-3281
　　　홈페이지_www.gcbook.co.kr 메일_edit@gcbook.co.kr

값 20,000원
ISBN 979-11-5852-533-0 03330